志村流　遊び術

志村けん

マガジンハウス

まえがき

五十歳を少しばかり過ぎた頃、「これまでの自分の生き方や、たどって来た軌跡を何か形にしておければ」という思いから、『志村流』を書いた。仕事を通して感じたことや、社会生活のなかのごくごく当たり前の常識みたいなことを自分なりに書いたのだが、意外にもそれが好評だった。余談だが、オレのテレビの番組名まで『志村流』へと発展してしまったのだった。

もともとオレ自身は偉いわけでもないから、決して聖人君子みたいなことを言うつもりもなければ、ましてや説教くさい話をするのも嫌だし、されるのも嫌だから極力、実体験に基づいた話をしただけだ。「1＋1＝2ですよ」と同じくらい常識的な話を書いたつもりだったが、基礎中の基礎である「1＋1＝2」といった常識や礼儀みたいなものを、近頃は知らない若い人たちが多くなっているらしい。

仕事におけるイロハは「理屈や理論」ではなく、「礼儀やしきたり」だったりする。それをすっ飛ばしていたら、ビジネスは成り立たない。なぜならビジネスの根っこは人付き合いだからだ。いくら凄い能力や才能があっても、人間的に問題がある人はうまくいかないだろう。まったく能力や才能、そして根性すらなければ箸にも棒にも掛からず、誰にも相手にされないよね。しかし卓越した能力や才能がなくても、きちんと挨拶が交わせて礼儀を尊ぶ人は、可愛がられる余地がそこに残されていると言ってもいい。

この部分をさらに掘り下げたのが、今回書いた『遊び術』だ。ビジネスを通した付き合いならば金銭的繋がりがあるからお互い我慢もするが、こと、遊びやプライベートな時間を共有するとなると、今まで隠されていた人間性がモロに出るから侮れない。「遊び」とひと言でいっても遊興的な遊びから、旅行や余暇、趣味、ゆとり、息抜き、なごみ、といったものまでその幅は広く簡単にひと括りにはできないが、そのなかでの守るべきルールとか掟、常識、知恵、愉しみ方、感じ方といったものを、オレの経験やオレなりの考え方を元に書いてみることにした。「あ〜、なるほどね」と、多少でも頷いてもらえる部分があれば嬉しいね。

「仕事」が塩だとすれば、「遊び」は水かもしれない。しょっぱい食べ物、例えば辛子明太子をたくさん食べると喉が渇く。すると本能的に水が欲しくなる。水分を取ることによって塩分濃度を薄める機能が人の体には自然に備わっているのと同じように、「仕事」という塩をやたらと取った後は、「遊び」という水でそれを薄めるようにできている、とオレは思う。薄めるというか、緩和するというか、いずれにしてもバランスを取らないとやっていけないように人間はできているんだね。塩と水がなければ誰だって生きていけないしね。

「よく学び、よく遊ぶ」という言葉を小学生の時に先生から聞かされたけれど、どちらか一方ばかりでは人として不充分なんだろう。「英雄、色を好む」ということわざもあるけれど、色ばっかりでは単なるスケベ野郎になってしまうし、勇敢で知略に長けているだけでは人としての魅力に欠ける。すべてはバランスではないだろうか。「ほどよい程度に仕事もすれば、遊びもソコソコやっています」というのが普通でいいんじゃないのかな。

「遊び」「あそび」という言葉だけをとっても、意味するところはいろいろだ。

「遊び半分で」「火あそび」「遊び人」「もてあそぶ」といった、不真面目で自堕落をイメージさせる意味で使われる一方、「遊び心」「言葉あそび」「あそびの空間」といった余裕の洒落心を表すまったく正反対の意味もあるように、遊びには二面性があるのだろう。

特にこの本で言いたかったこととといえば先にも書いたけれど、なにも定番の遊興だけが「遊び」ではないということだ。家の近所をブラ～っと散歩したり、土手のところで夕陽を眺めてみたり、お婆さんの昔話に耳を傾けたり、そういう束の間のひと時も「遊びの時間」ということなんだね。「病は気から」というけれど、まさに「遊びも気から」だとオレは思う。気の持ち方ひとつで、別にハワイ旅行になんか行かなくても満ち足りたひと時は過ごせる。その気持ちの持ち方を、この本から見つけてくれたら嬉しい限りだな。

志村流遊び術◎目次

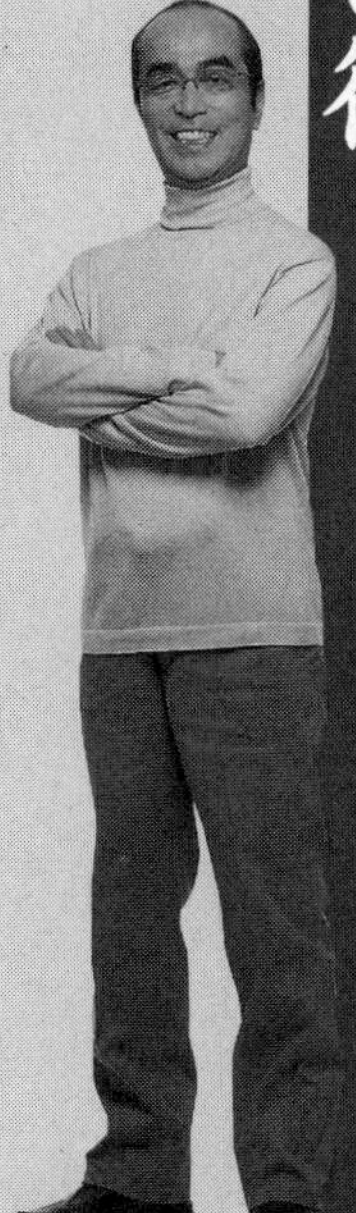

第二章

遊びの心得

遊び上手ほど腰が低い

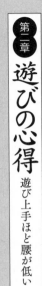

第三章 遊びの実践

女と趣味には完璧を求めるな

第四章 遊びの習慣

ケジメの儀式で日常にメリハリをつける

第一章

遊びの原点

自給自足の遊びが想像力を養ってくれた

自給自足の遊びが創造力を養ってくれた

そもそも最初の「遊び」といえるものの記憶を自分自身のなかにたどってみると、それは小学校の一年生か、二年生の頃に遡る。なにせ当時は「金がない」という絶対条件のもとで、あれこれ遊びを創り出さなければならなかったから、まだシワができたばかりの脳味噌（ホントか？）で仲間と一緒に知恵を絞っていた。そんな遊びのなかの一つに野球があった。今じゃ立派なグローブやバット、ボールはそこらのスポーツショップに行けば手ごろな値段で売っているし、親にねだらなくても子供の方が小遣いを持っているから、自分でたやすく手に入れられる。当時、そんなことはSFの世界の出来事だった。

とにかく物そのものがなかった。もちろん、ボールも貴重品だから、持っている子供が少ない。それで、まずボール作りから始めるしかなかった。今では考えられないくらい質素な時代だったね。新聞紙を水に浸し、それを幾重にも重ねて固め、その上から紐でグルグル巻きにする。そうして出来上がった紙のボールを使って、三角ベースで野球をしていた思い出がある。

遊びを通して道徳を学んだ

現在のようなプラスチックや電気の遊び道具などあるわけがない。半世紀近く前の東村山は、周り一面、畑や林ばかりだった。だから遊び道具は、当然ながら自給自足。林や藪の中に入って木や竹を切っては刀や竹馬など、難しく言えばプリミティブ、素直に言えば原始的な遊び道具を、これまた自分たちでこしらえては、陽がとっぷり暮れるまで遊びほうけていた。

それこそ毎日が林間学校やボーイスカウトの実習みたいな日々だったね。小刀を使って木を切ったり削ったりしていたけれど、大人も誰一人として「危ない」なんてことは言わなかった。逆に「男の子なら、小刀のひとつも使えなきゃダメだ」という風潮だったな。鉛筆も小刀で削っていたので、学校に行く時、筆箱の中には小刀は必ず入れていた。今の時代なら、親やＰＴＡが「危険すぎる」と騒ぐだろう。親の思惑とは逆に、最近の子供に刃物なんか持たせたら、本当に何をしでかすかわらないから止めておいたほうがいい。ホント世の中も変わったもんだ。

あの頃は「やっていいこと、悪いこと」の見境というものを、遊びを通して自然に学んでいたような気がする。刀や弓矢を作る時、鉛筆を削る時、何度か自分の指を切って「イタ～い！」という痛み自体を知った。だから子供ながらに、刃物を人に向けて傷つけるという行為がどれほど「やってはいけないこと」かを、よ～く認識していたもんな。そういったことから考えると、物が豊かじゃなかった昔のほうが創造力と想像力、それに道徳観念がキッチリ養われていた時代なのかもしれない。

秘密の匂いがした物置

そうはいいながらも「お医者さんごっこ」みたいなことはキチンとやっていたから、偉そうなことは言えないけどね。当時、女の子と一緒に遊ぶということはあまりなかったが、隣の家の同級生だった女の子の妹を物置に連れ込んで、ワラであの部分を吹いていたのを鮮明に覚えている。お姉さんであるその同級生（たしか加代子という名前だった）に見つかって石ぶつけられたもんな。もっとも、その同級生の女の子ともお医者さんごっこをしていたから、やっぱりオレの生まれながらの性格の一端がすでに小学生にして、開花していたのかもしれない。

オレにとって物置という存在は、とても淫靡であると同時に、秘密めいた匂いがした。それこそ近頃じゃ高層マンションも多いし、一戸建てでも庭に大きな物置なんてある家は少ない。だから、物置を遊び場にしている子供たちなんていないだろう。

しかし、あの頃は二世代、三世代の家族が一緒に住んでいることは、珍しいことじゃなかったし、家の中にはいつも誰かがいて、子供が独りになれる所などあるはずもなかった。子供部屋がそれぞれ与えられているなどというのは、坊ちゃん刈りの子供がいる山の手あたりの住宅街での話。御多分に漏れずウチも家族が多かったから、オレがこっそり独りで悪さができる場所などあるはずもない。そういった状況のなかで、唯一物置という場所が、束の間の現実逃避のためのタイムトンネルにも似た不思議な存在だった。

いたずらといったら、せいぜい学校で上履きに鏡を置いて女の子のパンツを覗いたり、雑巾がけの時に低い姿勢でサーっと床を拭きながら女の子の後を追いかけて、これまたパンツを覗くといった程度の可愛いものだったなぁ。ヴァレンタイン・デイなんて洒落たものはまだなかったし、男の子と女の子が恋愛感情を表に出す機会は一切なく、どちらかといえば男子は男子、女子は女子と別々に遊んでいた記憶がある。思い起こせば今と比べてな〜んにも便利なものや高価なものはなかった。逆にその分、素朴で純粋な子供らしい思い出がオレのなかに残っているのは、ひょっとしたらスゴイ財産かもしれないと密かに思ったりしている。

青春時代は、春の陽だまりのようなもの

青春時代は、その後の人生に大いに影響を与える。自分の価値観や考え方を身に付けるのもこの頃だ。歳をとって振り返ってみると「あの頃、もっと勉強しとけばなぁ」といったセリフも出るし、人によっては「両親が離婚したんだよ、その頃」といった暗い想い出も甦る。それだけ青春時代というのは、人生のなかで忘れられない重い時期だといってもいい。中学、高校時代は、なんといっても多感な時代だからね。

そんなオレの中学時代の話をしよう。学校は東村山第二中学。クラブは卓球部に入っていたが、何かというと先輩がラケットで殴るから、すぐ辞めた。次に入ったのが、兄貴も入っていた体操部。今でもそうだろうけれど、当時の運動部といえば上下関係がことのほか厳しく、軍隊に近いものがあった。

東京都の体操大会があって、千駄ヶ谷の東京体育館に行った時のことだ。団体競技で、ラジオ体操をもっと難しく複雑にした上級編みたいな体操を、一糸乱れず全員揃って繰り広げたのを覚えている。弓を引くように両手の先を伸ばして、そのまま斜め四十五度に傾けるところだけ妙に記憶があって、そのときの振りの一部がオレの「アイーン体操」の振り付けに活かされていることを思えば、まんざら体操部の経験も捨てたもんじゃない。

中学でビートルズに出会い、さかんに歌マネ

当時、遊び仲間は同じクラスの岸田と、他のクラスの角田という二人で、いつも三人でつるんでいた。角田は美容院の息子で、何をかくそう所ジョージさんの従兄弟。岸田のプレハブ造りの勉強部屋に行っては、一本のエレキギターとドラム代わりの段ボール箱を叩いて、さかんにビートルズの歌をマネしていた。「プリーズ・プリーズ・ミー」とか。英語の歌詞なんか覚えられないからカタカナにしてそのまま暗記、発音なんか気にするわけないし。

その頃、エレキギターはとてつもなく高価で、そう易々と買える代物ではなか

ったね。ましてやオレ自身が買えるはずもないし、親が買ってくれるなど地球が逆さまになるのと同じくらいありえないから、友達のエレキギター一本を皆でいじくり回すほかにすべはなかった。もし、もう少しお金があって自分のギターを持っていたなら、今頃はミュージシャンだったかもしれない、なんてね。その後バンドを組んだりして、高校生になるとビヤガーデンのショウに出演したこともあったけれど、大声を張り上げながらジャーン、ジャーン、ジャガジャーンと演奏していたら「うるせぇ～!! やめろ」と怒鳴られて、一日だけで終わった。

猛勉強で都立久留米高校入学、花の一期生だった

高校は都立久留米高校だった。それも一期生。中学二年の終わりの頃まで、成績は2と3ばかりで、4や5といった数字には無縁なくらい遊び呆けていた。親父が教員ということもあって、その反発から勉強しなかったのだが、中学三年生も半ばになる頃、「よ～し、オレもここで一発頑張らなきゃ」と一大決心。徹夜、徹夜で猛勉強。受けたのは私立の大成高校（兄貴も大成だったから）と、これから開校する都立久留米高校の二校だった。当時の都立高校は私立に比べて格上だ

ったから、誰もが「無理だろう」と鼻であしらうような態度でオレを見ていたね。同じ中学から十三人受けて、発表の日にオレ一人別に帰ってきた姿を先生が見て、「志村だけ、落ちたかぁ〜」と呟いたらしいけれど、実はオレ一人だけが受かっていたんだよ、ナント。

そうやって入学した都立久留米高校は、入学式の時に本校舎がないプレハブ校舎の状態。やっと校舎が完成したのは、たしか一年半後だったと思う。校舎もできたばかりの高校だからクラブなんて存在するはずもない、いわゆる同好会からの出発だった。体育の授業も授業というのは名ばかりで、全員校庭に並んで草むしり、戦時中じゃあるまいし勤労奉仕だ。しかし、とにかくこれが面白く、楽しかった記憶がある。今のように何でも満たされた「捨てる文化」と違い、自分たちの手でゼロから作り出す、素朴な楽しみを教えてもらったような気がするな。

学校へは清瀬からバスに乗って通っていたんだけれど、やはりというか案の定というか、定期代を使い込んでしまい、仕方なく、途中から自転車通学となってしまった。それ以前の給食費の使い込みもそうだが、少しでも現金を持ったら「使わねば」となる気質は、生来のもので変わるはずがない。とにかく「しちゃう性格」は今も変わらない。すぐに「飲んじゃう」「食べちゃう」「使っちゃう」「おごっちゃう」という具合で、さすがにまだ「漏らしちゃう」までには至っていないが、目の前にあると「そうしなきゃ悪いかなぁ」といった自分勝手な理屈を立てて納得し、「ま、いいか」という行動にでてしまう。しかし、目の前にそういったものが一切なければ我慢するというよりも、苦にならない。最初からないものを、奮起してまで追い求める性格ではないからだ。

平凡で暖かい感性を育んでくれた高校生活

話は変わるが、学校帰りの「寄り道」や「買い食い」といっても、別段寄って面白いところもなければ、店だって駄菓子屋やパン屋ぐらいに立ち寄るのが関の山。そういう意味では、いたって健全な生活態度だったといえる。タバコ吸っている奴なんかいなかったし、不良といわれていたのが二人ほどいたけれど、周りが一切相手にしないから逆につまらなくなってすぐに学校を辞めてしまった。

不良って束になっているから存在感があるんだけれど、他の生徒があまりに普通で無視し続けていると、グレている方が浮いてしまって「俺って、いったいなんだろう?」というような虚無感に陥るんだな、これが。ヤンキーだのチーマーだのといった、そんな連中はまったくといっていいほどいなかったし、犯罪に手を染めるような生徒もオレの知る限り誰一人としていなかった。都立高校がいわゆる不良生徒の巣窟といわれるようになるのは、この少し後からだ。

当たり前の顔をしてタバコを吸う奴も、酒を飲む奴もいない。ましてや、売春や麻薬などは小説や映画の世界での出来事で、身近な世界とは無縁の事柄だった。高校生である自分の世界のほとんどは学校の中のことであり、学校生活＝青春そのものだったね。テレビドラマなら、まさに青春学園時代。今の高校生なら「そんな何にもない学校生活なんて、つまんないじゃん」と言いそうだけれど、「何もなかった」「普通だった」「すれてなかった」「平凡だった」こその良さというものを感じることができたオレは、幸せな時代の停留所でやがて来るバスを待っていたのかもしれない。

普通の中にある平凡で暖かな空気感というものは、過激で刺激的なものに比べれば取るに足らないものだろう。けれど春先の午後の陽だまりのような、そんなフンワリとした感性が自分に根付いたのも、あの時代の良き遊び仲間と環境が大きく左右しているのは間違いない。それがオレの芸の肥やしとなって別の形で表にでてきているのだろう。やはり青春時代は大事にしないといけない、そう思う、ホント。

単純作業でも、楽しみは見出せる

親父は教員だったけれど、爺さんは農業一筋。家の周りもみんな農業だったから、「飛び抜けて金持ちなんていない環境だった。「赤信号、みんなで渡れば怖くない」じゃないけれど、周囲も同様にお金のない時代だったから、「金がない＝コンプレックス」という卑屈な性格にはならなかったね。

そんな子供の頃、遊ぶために必要な道具はほとんど自分たちで作っていたから、あまりお金がかかることもなかった。基本的に贅沢な遊びはしなかったと言ってもいい。そもそも、小遣いというものを毎月キチンと貰っていた記憶もないし、たまに十円もらえば、すぐさま駄菓子屋へ行って買い食いしていた。すぐに使わないと気がすまない性格はあの頃から変わらない。小遣いが足りない時は親の貯金箱に三角定規を突っ込んで小銭をくすねていた、その程度だった。

もともとお金や物に執着するというタイプじゃないので、何かを買いたいから一生懸命お金を貯めるとか、必死に働いて稼ぐといった積極的なことはしない。だから、目的のある遊び、例えば遊園地に行くとか、女の子とデートするとか、いわゆる遊興費を捻出しようと努力したという記憶もない。今ならアルバイトにしても、「ギターが欲しい」とか、「バイクを買いたい」という明確な動機があって、「始めよう」「働いて貯めよう」というところに落ち着くんだろう。しかし、オレの場合、そこまでポジティブな気持ちにはなれなかったね。ただなんとなくの気分で始めた最初のアルバイトは、中学一年生か二年生の夏休みだったと思う。

初めてのバイトは、顕微鏡の台削り

家から歩いて五分程のところにアルバイト先の工場はあった。顕微鏡の会社で、名前はたしか「今精機」といったかな。工場がある場所は、もともとウチの土地だったのを「そんなに広い畑もいらない」という理由から売却したところ。その経緯から面識があって「夏休みの間、アルバイトしたいんですが」と、ウチの兄貴と一緒に頼みに行くと「あ～、いいよ」と二つ返事。すぐさま始めたのはいいけれど、兄貴は半日で嫌になった（つまらないという理由）らしく、すぐさまリタイヤしたんだよね。

　仕事は顕微鏡のガラス板を乗せる四角い台を、万力に挟んで角をヤスリで削ること。なんとも地味で単純な作業だった。細かい鉄粉が工場内にいっぱい舞い上がっているから、口と鼻を手ぬぐいで覆わないとザラザラとした鉄の粉が口の中や喉に入り込んでしまう。正直な話、職場環境はお世辞にもいいとは言えなかった。ま、昔はどこも作業所なんてそんなもんだったけれど。そこで働いていたほとんどの人が、地方から働きに来ている年配のオヤジさんたちで、中学生なんかオレ一人。朝の八時から夕方の五時まで働いて、一日の日当は五百円。夏休み中、休まずやり通した。結局、そのバイト代が何に消えたかは覚えていない。

　夏休みが終わって冬休みがくると、今度は別の会社でアルバイトをした。段ボールの製造会社だ。段ボールを印刷した後、ホッチキスのオバケみたいな金具で平面の段ボールの端と端を止める作業で、ダッダ、ダンというように三箇所を接合するんだけれど、これまた思いっきり単純作業だった。日当はこれも同じく五百円。作業時間も同じだったと思う。例のごとくバイト代で何を買ったかは記憶がない。中学校時代のアルバイトの経験といえば、こんなもんだったかな。

高校生になると、アルバイト先は運送会社に変わった。運送会社といっても引越しではなく、ビルの解体で出た廃材の廃棄処理の仕事。コンクリートの塊を江戸川あたりまで捨てに行くんだけど、これが思いのほか重労働。捨てに行く時は荷物があるから、運転席と助手席にキュウキュウ詰めで三人乗り、荷物のない帰りは必ず荷台にオレが乗るハメになる、なんせ一番若かったからね。その荷台から眺めた街の風景は今でも鮮烈に瞼に焼き付いている、「東京ってなんてスゴイんだろう！」って。このアルバイトは重労働だったがゆえに金額もよかった。日当は千円〜千二百円。このバイト代もたぶん飲食に消えたのだろう。

天国に近い待遇だったキャディのアルバイト

高校二年生の時は、ゴルフ場の小金井カントリー倶楽部でキャディのアルバイト。おばさんキャディのヘルプだった。日給は天候とお客さん次第で変わる変動相場制。朝早くゴルフ場へ行くんだけど、18ホールのワンラウンドで終わる人もいればワンハーフ廻る人もいるから一概に日当を弾けないばかりか、当時はバッグの重さを量って、規定より重ければ料金が五割増で、雨の日も同様に五割増だった。お客さんが四人で廻る時は小さい手引きのカートを使っていた（二台で四人分）けれど、三人の時はおばさんキャディが二人分をカートに乗せ、一人分はオレが肩に担いで回るワケ。だから、重量オーバーと雨の日は嬉しかったなぁ、稼げるから。

今ほど一般の人にゴルフが普及していなかったから、ゴルフをする人は、すなわちお金持ちと言えた時代だった。時代の違いといえば、ボールの位置をマーキングするチップなどというものはなかったから、代わりに赤い毛糸を切ったものを使っていた。その赤い毛糸をポケットに入れて廻るんだけど、あるときポケットから出す際に散らばってしまって「なにやってんだ！　どれだかわかんねぇじゃねぇ～か」と、どやしつけられたこともあったな。それでも、チップはチップでもお金の方のチップはくれるし、おしるこも食べさせてくれる。

普通のアルバイトでは、考えられない待遇で味を占めた。お客さんがチップをくれる場合、まず、おばさんキャディに渡して、それから半分をオレの方に回してくれるんだけど、なかには全部自分一人で取ってしまうような人もいたな。そのときほど心から「汚ねぇ、このババア」と思ったことはない。ちなみにチップの相場はせいぜい千円というところ。廃材処理の重労働で一日千円か千二百円しかもらえなかったことを考えると、まるで天国に近い待遇。旨味を覚えて、夏と冬の休み二回連続で働いた。バイト代はけっこういい金額になっていたと思うけれど、これも使い道は記憶にない。

遊びと仕事が一致すれば最高

こうして振り返ってみると、オレの中学、高校を通してのアルバイト経験といえば、全部足してもこの程度。もちろんお金は欲しかったけれど、何か目的があって、そのためにお金が欲しいと思ったことはなかったね。早い話、物欲や遊びたいという欲求がそこまで熱く湧いてこなかった。もしも、そこまで情熱を傾けられるようなものや欲望の輪郭がハッキリと自分自身で見えていれば、稼いだアルバイト代を何に使ったか覚えているだろうし、記憶もしっかり残っているはずだ。

今にして思えば、子供の頃からオレの一番の興味は人を笑わせることだったたから、友達とコンビを組んでコントを人前で披露するといったことが、ある意味一番の遊びだった。だから、他の事に熱中する気もあまりなかったのかもしれない。こうして五十歳を過ぎた今でもその思いは変わらない。

それに中学生の頃やったアルバイト、顕微鏡の台をヤスリで削る作業や、段ボールの端止め作業といった単純作業にしても「つまんない」と簡単に放りだす性格じゃなかったので、単調な作業のなかにでも「何か面白味を見つけてやろう」という、「地味ななかのかすかな楽しみ」を探そうとしていた。そうしないと自分が腐ってしまいそうになるから。大人になってからもその気持ちは変わらないし、仕事ってそういうものじゃないのかな。前向きで地味な性格が、志村康徳(オレの本名)という人間を救ってくれているのかもしれない。

オレみたいに好きな事＝遊び＝仕事となってしまった男にとって、他のことはすべて二番目の興味にしか映らない。「好きな事＝遊び＝仕事」の人生、これって人生として最高に幸せだと我ながらに思ってしまう。

人間関係がこじれたら、出会いの気持ちに戻る

「仕事に悩んだ時にどうするか?」「ネタに詰まった時にどうするか?」というと、オレの場合、とにかく原点に戻るということに尽きる。映画を観るなら、チャップリン、そしてジェリー・ルイスだ。音楽なら、ビートルズを聴く。自分自身にとっての規範、そこに帰ることで、なぜか不思議な力を貰ったような気がしてくる。「人間関係に詰まった時にどうするか?」というのも同じことで、関係が少し怪しくなって気まずくなり始めたら、「そもそもあいつとの出会いは、なんだっけ?」と、これまたほんの少しだけ原点に立ち戻って思い返してみるといい。不思議と「ま、いいか」と思えて腹も立たなくなる。これは、何にでも共通しているかもしれない。

例えば、時が経つにつれ状況や気持ちも変わってきて、もともとの動機や関係が、いつのまにか最初の主旨と百八十度正反対の位置に動いてしまっていた、なんてことがしばしばある。遊び仲間で、それも音楽の志向性が一致した同士が集まって始めたバンドが売れ出して、終いには金銭トラブルで空中分解したなんて話は枚挙にいとまがない。そういうときは始めた頃の気持ちに一度戻ってみれば、解散なんてことも避けられたのかもしれない。ビートルズだって売れない頃の辛さや、売れ始めたばかりの頃の嬉しさを、今一度思い起こし初心に帰っていれば、解散がもう少し先になっていたかもしれない。

下積み時代というのは誰にでもある。ところが歳を重ねて出世でもしてしまった途端、「もう昔の俺じゃないから」と、まるで過去の自分を消し去るかのように振舞う人がいる。今の自分を良く見せたいがために、昔の過去を知る人間が疎ましく思えて遠ざけたくなるのだろう。先輩後輩の間柄や歳の差、それに上下関係はいくつになっても変わらないし、縮まらない。親と子の歳の差や関係は永遠に変わることがないように、人の出会いも基本的には最初に出会った時の関係がそのままの形で引き継がれていくのだと、オレは思うけれどね。

仮に片方が金と地位と名誉を手に入れて、もう一方が今やどん底の暮らしぶりだとしても、現在の状況が昔の関係を変えることはないし、同じ釜の飯を食った仲間なら、なおのこと、昔に戻った目で相手を見るべきだね。どんな状況であっても、原点に戻ってみると見栄や虚勢が取り払われて素の自分になれるものだ。とくに遊び仲間だった相手なら、記憶のなかには一緒に遊んでいた時の姿だけが、そのまま残っているはずだ。嫌な奴にならないためにも、たまには振り返ってみることも必要だしね。

物のない時代に育ったので、贅沢が身に付かない

酒や食事にしてもそうだ。オレの場合、昔は酔えればアルコールならなんでもよかった。安酒でいかに早く酔えるかと考えて、全速力で走ってみたりもした。食事だって子供の頃は毎日イモばっかりだったから、おかげでイモに限らずカボチャとか炭水化物系が今でも苦手。付き人時代は満足に食べられない時期もあって、今でいうロケ弁などは贅沢の極みといった感覚が抜けない。

ところが苦節三十数年、今では女の子を誘ってイタリアンにフレンチ、鮨や河

豚にスッポンと、自由に飲み食いができる身分になった。しかし、なぜか贅沢が身に付かない。それも良い意味で身に付かない。終戦から日本が立ち直る貧しい時代の記憶もいまだに鮮明だし、とにかく貧乏だった。オレだけじゃなく、周りもみんな貧乏。今みたいに何でもある時代じゃないから、逆に「物を大切にしなくちゃ」とか、「ある程度飲み食いできれば、それ以上の贅沢をしようとは思わない」といった考えが染み付いてしまっている。だから無駄とも思える贅沢モノを見ると、自然に昔の記憶に辿り着いて「そんなのオレらの時代にはなかったものな、必要ないんじゃない」と、これまた原点帰りしてしまう。

原点に戻るというのは、素っ裸になることなんだろうな。今では下着を付け、靴下と靴を履き、ズボンとシャツとジャケットと、その上に高そうなコートを羽織った姿をしているけれどそれは仮の姿で、本当の姿は裸の自分自身。だからこそ古い友人がくたびれた服を身に付けていたとしても、服を見ずに裸の姿を見てあげられれば、それも出会った当時の姿として見てあげられれば、いいよね。いつまでもそんなオレでいたいな。そうじゃないと「原点」が「減点」になってしまう気がしてね。

遊び場は、馴染みの場所に限る

オレの場合、人付き合いと同様に、一度「これ！」と決めたものとは長いこと付き合う。めったやたらと他のものに気を移さないたち。遊ぶ場所もず～っと変わらないのは、そんな性格だからだろうか。クラブのある六本木は別として、毎晩飲んだり食べたりしている場所は、ほとんど麻布十番だ。

現在の住まいである三鷹に移り住む前の八年間、麻布十番のマンション住まいだったオレにとって、麻布十番はまさに庭だった。今の自宅の周辺には遊ぶところはないから、必然的にここで飲み食いすることが多い。今でこそ六本木ヒルズもできて随分と観光化された感じの麻布十番だが、つい最近まで地下鉄も通っていなかった陸の孤島だった。

隠れ家の町、麻布十番

遥か昔、地下鉄日比谷線を作る際、麻布十番を通すことはすでに計画に盛り込まれていたらしい。それにもかかわらず、地元商店街のうるさ方が「うるさくなるから嫌だ」と反対運動をしたので、広尾－麻布十番－神谷町という直線コースだったのが、現在の広尾－六本木－神谷町というように、わざわざ六本木駅の方にグーンと曲がって線路を作らざるをえなかったらしい。もし反対していなかったら、六本木駅は存在しなかったという話だ。

反対したのが原因で数十年もの間アクセスの悪いこの場所は、ひっそりとした佇まいの隠れ家的な趣があった。六本木や広尾の駅から歩くには遠く、タクシーだと嫌がられる近さだ。アクセスが悪いといっても、江戸の昔から門前町として栄えた土地柄、飲み屋や食い物屋がそこそこあった。そこに目をつけた六本木に通う水商売関係者、自由業、マスコミ関係者、そして芸能人といった一般の路線を少し外れた人々が集うまさに絶好の地域となっていた。

わざわざ外から麻布十番に遊びに来る人は、ハッキリ目的を持って目当ての店に行く人ばかりで、ブラブラと街のなかを歩いて気に入ったお店に入るという人はめったにいなかったな。よそ者が入りにくいイメージもあったね。町に馴染むきっかけを探していたら、商店街の若手が町の美化のために、タバコの吸殻を拾い集めているという話を聞いた。伝手をたどって、その吸殻集めに参加させてもらった。それを境に商店街の人たちとも懇意になっていったんだよ。

そば処の松玄、韓国料理の鳳仙花、すっぽん料理のさくら田、炭火焼きの五臓六腑に風土、中華料理の中華楼、居酒屋のタモンにラッキー酒場、そして焼き鳥屋のがいがい、バーのオンザロックスに月光浴などなど、ほとんど毎晩麻布十番のどこかで飲んでいる。先にも書いたようにクラブだけは六本木に行くけれど、そのクラブ活動も近頃は控えめになってきたから、ますますここ麻布十番にいる頻度は高くなっている。

遊び場は、結局馴染みの場所に落ち着く

青山や赤坂、銀座……、いろいろと行ったけれど、どうも自分が行き慣れた所が一番くつろげて腰が落ち着いてしまう。若い頃はアレコレ試したいけれど、あ

る年齢になってくると目先の変化を求めなくなるね。例えば、たまの日曜日、息子や孫たちと夕方食事に出かける時、「じゃあ、いつもの鰻屋に行こう」と、お爺ちゃんが言うのと同じことだ。息子や孫は「いつも同じだから、たまには他へ行こうよ」と新しい変化を求めるけれど、お爺ちゃんは人生長く生きてきて、「他に行っても、さして変わらん」ということがわかっている。つまり、数ある経験のなかから行きつけの鰻屋に決めているわけだ。新しい店に行って、どんなものが出てくるのかわからないリスクより、いつもの店で、いつもの料理が、いつものように運ばれてくる安心感の方を優先している、ってこと。

オレの遊び場である麻布十番も、まさにこれと同じ。店の人もオレを、オレも店の人を、お互いよく知っているから気楽でいいし、知らない店で余計な気を遣うより気心が知れた店でひっくり返って飲んでいる方が疲れないしね。歳をとってくると「遊び場も新品より、使い慣れた馴染みの品」というようになってくる。

銀座や赤坂、六本木にはそんな下町的なコミュニティは存在しないだろう。谷中や根津、門前仲町や浅草といった本来の下町ならいざ知らず、都心の真っ只中にポツンとある下町的雰囲気の町は、ここ麻布十番しかないに違いない。

休日に地下鉄の駅から六本木ヒルズへと向かう人波が、今までの町の趣を変えつつある。あと数年、いやもっと早い時期にこの町も妙に健康的で人工的な雰囲気に変わってしまうのかもしれないが、オレの遊び場だけに本音のところ変わってほしくないな。

舞台は遊び場の原点だ

舞台はやっていて面白いし、楽しい。舞台の良さはライブ感と、お客さんのダイレクトな反応だ。テレビならば、「ちょっとここのところがダメだから、編集で手を入れよう」ということが可能だけど、舞台は一発勝負、やり直しが利かない。それに、世の中のすべての人を対象にしているわけではなく、当日わざわざ足を運んでくれた観客のみなさんのために精一杯頑張るわけだ。

お客さんにしても、わざわざオレたちの舞台を観に来てくれているわけだ。舞台に立っている側も、目の前のお客さんのためだけに全力で演じ切る。役者と観客がお互いに気を発しながら、納得し合い、満足し合う瞬間に「楽しみ」や「喜び」が生まれるのではないかと思えるんだよね。それも両者に「遊び心」があって初めて可能なことではないのかな。いずれにしても、お互いの間にだけ満足のベクトルが行き来すればいいわけだから、他に一切媚を売る必要もなければ、気にする必要もない。舞台とはそんな遊び心を刺激しあう場だと言えるかもしれないね。

近頃はすぐに大きなマーケットを狙ったり、なんでもお金に結びつくことばかりで、すべてがマス化されてしまったような気がする。遊び道具、遊び場から始まって、遊びに関することもリアルタイムで消費者とキャッチボールするのではなく、一方通行ばかり。

昔の紙芝居みたいに、目の前で子供たちの反応を窺い知ることができる遊びは姿を消してしまった。紙芝居なんて、まさに舞台と同じだ。紙芝居のオジサンも毎日やってくるわけではなかったな。たとえば毎週木曜日の夕方に、団地の広場や、公園といった場所にやってくるんだけれど、子供たちはオジサンが来るのを心待ちにしていたものだ。待ちに待ったオジサンがやってくる。そして、駄菓子を食べながら観た紙芝居はあっという間に終わってしまう。オジサンが帰っていく時のなんとなく物悲しい思いが胸に残ったものだ。

観る側、演じる側、双方ともに楽しいのが舞台

紙芝居はすたれてしまったが、舞台の伝統は遥か昔から脈々と受け継がれ、いまだに絶えることがない。歌舞伎を代表とする舞台は江戸時代に大きく花開くけれど、能や狂言といったものは鎌倉時代にまで遡るほどその歴史は古く、まさに最もプリミティブな娯楽だったようだ。最初にもいったけれど、舞台は観る側だけではなくて、演じる方も楽しい。近頃では小さな劇場が増えているけれど、ハコの大小を問わず演じている役者さんたちの手当はかなり厳しいらしい。にもかかわらず、舞台を辞めないのは、舞台がそれほどまでに面白く、楽しいからに他ならない。

テレビなら家にいながらスイッチをオンにすれば見ることができるし、映画だって上映時間さえ気にしなければその日に観ることができる。しかし、舞台は違うね。コンサートも同じだけど、早ければ二、三ヶ月前から前売りチケットを買って心待ちにするわけだ。開演の日が近づくにつれて、だんだん期待感が高まって、いやがうえにも気分は高揚する。公演を実際に観てみて、それが予想以上に

良かった時の感激は、何物にも替えがたい。生で観たという興奮と、「当たった！」という満足が重なって、言葉にならない充実感に包まれる。こんなことはテレビやビデオ、映画では絶対に味わえないだろう。そして何よりも良い舞台は、いくら値段が張っても高いと感じないから不思議だなぁ。

舞台の愉しみ方のコツは、お金に余裕があればの話だけれど、たくさん観ることだ。いろいろ観ると次第に目が肥えてくる。それを続けているうちに、良い舞台がわかるようになって、以前にもまして観ていて楽しくなってくる。いかんせん舞台は値段が高いのが玉にキズだけど。でも、若いうちにちょっと無理してでも観ておくと、趣味に幅が出てくるのは間違いないね。いろいろと舞台を観ることによって、自分なりの鑑識眼が養われてくるから。厳しい目を持ったお客さんが増えると、演ずる方の質もつられて上がってくるから、お客さんのためにもなって、役者のためにもなる。

デジタル仕掛けの遊びが流行したり、家にいながらにしてエンターテイメントを楽しめる時代だからこそ、舞台を観てほしいね。遊びの原点は、「待ってましたぁ!!」という期待感と、わざわざ足を運んで生で観るという、まさに息づかいが聞こえるところにあると思うから。

第二章

遊びの心得

遊び上手ほど腰が低い

休みには、心と体のスイッチを切る

週末になると仕事の時とは打って変わって元気になる人がいる。休みの日はプライベートな時間だから目一杯楽しまなければばと、趣味にスポーツに買い物にと大忙しだ。こうした傾向は、最近の若い人たちの間で男女問わず、多くなっているらしい。

昔からこういったタイプの人はいたが、世間では少数派だったような気がする。そしてそんな人たちは、休日にひとつの趣味に打ち込んでいた。写真が趣味の人は撮影すると自分で現像までしていた。将棋や囲碁が好きな人も、その道ひとすじだった。だから、休日の顔が輝いて見えたものだ。

最近の休日人間に、こういったタイプはいない。まず、多趣味だ。テニスもやればスキーもやるし、そしてコンサートに映画にと、何でもござれ。いろいろ手掛けるので、休日にじっとしていることはない。これだけ休日に勢力を注げば、平日は推して知るべしだろう。受け身の姿勢で与えられた仕事をこなすことだけ心掛けるようになる。言葉を替えれば、仕事のなかに楽しみを見出そうとしなくなってしまう。エラそうなことはいいたくないが、これはちょっと考えものだね。

つまり、一週間のうちの月曜日から金曜日までの五日間（週休二日制ならば）を、面白くもなくただ金のために我慢しているわけだ。仮に会社勤めの期間を四十年間とすれば、一年間に四十八週働いたとして約二百四十日、それの四十倍だから約九千六百日がイヤイヤ働いている時間ということになってしまう。自分にとって楽しい時間は週に二日間だから、一年間で約九十六日、四十年間で約三千八百四十日ということになる。比べてみるとこうだ。

四十年間で嫌な日々　　四十年間で楽しい日々
約九千六百日　　　　　約三千八百四十日

「つまらない時間」が「楽しい時間、やりがいのある時間、打ち込める時間、集中している時間」の、なんと約二倍半もあるのは考えものではないのかなぁ。オレの場合、仕事も遊びも趣味も、ある意味一緒のゴチャ混ぜになっていて、それこそ一週間まるまる「楽しい時間、やりがいのある時間、打ち込める時間、集中している時間」になっているから、本当の休みの日、仕事がオフの日は絶対なにもしないし、したくもないね。

充実感のある仕事をしていないと、休暇に逃げたくなる

今ほど社会が急激に様変わりしない日本が安定時代だった頃には、「趣味は盆栽ですかね」と言う会社員の人もいた。これはキッチリ夕方五時半で仕事が終わるという、判で押したような生活パターンのなかで見出したひそかな楽しみだったのだろう。仮にそれが役所の戸籍担当の人だったとすれば、仕事自体はかなりの単純作業かもしれない。少なくとも今の為替トレーダーのように、一秒、二秒を争うような緊張感連続の仕事ではないだろう。しかし、その仕事のなかにも楽しみや、やりがい、誇りをちゃんと持っていて、毎日の仕事に打ち込んでいたはずだ。だから仕事のない日曜日には、西陽のあたる縁側近くに置いてある盆栽の

手入れをしたり、眺めたりして過ごすといった束の間のひと時が、満ち足りた余暇の時間だったのだろう。こういうことこそ、自分にとっての本当の遊びではないのだろうか。

どんな仕事であっても充実感のある仕事をしていないと、土、日の休日や長期休暇の方に逃げたくなるわけで、これは一種の逃避であり、自分の人生をごまかすことにもなりかねない。近頃の若い人に仕事の誇りも質も放り出して、すべてを「余暇の遊びのための金稼ぎの手段」と考えている人たちが増えているのは、ちょっといただけない気がする。ま、オレもあまり偉そうなことは言えないけれど、少なくとも仕事には誇りを持っているし、「仕事を金稼ぎの手段と考えたことなど一度もない」、そのことだけには胸を張っていられるかなぁ。

余暇だからと能動的に過ごす必要はない

ところで最近は「余暇、遊び」というと、どうしても能動的に活動しなければ意味がないといった風潮になってしまったような気がする。そんな休日の過ごし方のなかで今も昔も変わらないことの一つに、「旦那の家庭サービス」というものがあるよね。幸いオレにはこの義務がないから助かっているけれど、世の中のお父さんには同情してしまう。昔は週休二日制ではなかったから、休みの日は日曜日だけだった。一週間七日のうちの貴重な一日は、お父さんにとってまさに大切な休息の一日だったから、子供たちが「どっか、連れて行ってよ〜」とねだっても、お母さんが、「お父さんは疲れているんだから、ワガママ言うんじゃありません」と厳しくたしなめていた。とにかく、家長であるお父さんの体を気遣ったものだ。当時の考え方では、子供は当然ランクがお父さんより下なわけだから、服従は当たり前。

給料が手渡しから銀行振込になり、次第にお父さんの権威が失墜し始めた頃、どう間違ったか家庭の主導権は女房や子供が握るようになった。「お父さんが私たちを養ってくれているのよ」といった感覚は、ものの見事に消え去り、「あなた、少しは子供たちや私のことも考えてよ！」などときつく叱られれば、「わかった、わかった」と付き合い酒で疲れきった肝臓に鞭打ちながら、ディズニーランドあたりに行かされるはめになる。

ここまでの時代はまだいいほうで、近年の夫婦においては、旦那、すなわちお父さんも一緒になってこの感覚になっている。家族全員の生きがいが休みの日であり、休みの日に何をするか、が家族の輪でありテーマなんだね。家の誰もが「お父さんの仕事が優先」などと思ってもいないし、当のお父さんだってそう思っていない。ハワイ旅行のことで頭がいっぱい、なんて具合だ。もし、お父さんが「仕事が大事だろう、忙しくて抜けられない」なんて言う時は、浮気相手の女の子とどこかにお泊りする時に使うセリフだったりして。

喩えれば、「運動した後の一杯のビールが旨い」という場合、大好きなスポーツをすることが第一目的で、スポーツをやって汗を流した後に飲むビールとその旨さは、いわゆる副産物なんだよね、運動の。ところが旨いビールを飲みたいがために運動するというのと同じで、目的の優先順位が逆転している。はっきり言ってスポーツはビールを旨く飲むための手段に過ぎない。だからどんなスポーツでもいいし、できればやらずに汗をかきたい、と思うんだ。そのため長続きしないし、安直に動かず汗が出せるサウナに行きたがることになる。

なにも遊びだからといって能動的に行動しなきゃならないなんて思わないなぁ。遊び＝余暇という考え方もあるし、じっと何もしないという余暇の時間も、ある意味、遊びだ。そのボサ〜っとしている時が、オレにとってはまさに旨いビールの一杯と同じことかもしれない。好きなことを一生懸命にやって汗をかき、その後のたまの休みに一日中何もしないでいるというのも、また格別の味。仕事に打ち込んだ後の一杯のビールに匹敵する休みは、全力投球の仕事があるからこそ引き立つものだろう。

余った暇が余暇、余り＝余裕はアソビ、アソビの部分などと言うように、ゆとりがあって初めて遊びも面白い。ゆとりがあるから貧乏くさく動き回らずじっとしている。これもいいもんだって、ホント。歳のせいもあって、あまり動き回りたくないというのも、ホンネではあるけれど……ね。

うかは別として、おそらく楽しい休日になるのだろう。

ところが世の中、「似た者同士」という言葉がある一方で、デコボコ・コンビという組み合わせもある。正反対の者同士がそれぞれに補いあってうまくいっているケースで、これはこれで成り立っている。一方が世話好きで、もう一方が怠け者みたいなカップルがこれにあてはまる。

最悪のパターンが、形だけはデコボコ・コンビなんだけれど、片方だけが自分のプランを強行に相手に押し付けるタイプ。相手の体調や気分も省みず、自分勝手に休日の段取りを組んでしまうパートナーだ。仮に前日の晩そう思っていても、翌日目がさめたら気分が変わったなんてことは誰にでもあるだろう。そこで、「やめようよ、出かけるの」と言おうものなら、「どうしてくれるのよ、今日一日が台無しじゃない！」などとなじられてしまう。これが男女逆なら、「どうすんだよ、計画がおまえのせいでメチャクチャだろう」ということだよな。

オレなんか「いいじゃないの」と思うんだけど、こういった性格の人たちにはその場の気分や雰囲気で予定を変える、「ノリ」という概念がない。とにかく決めたことを実行しない人を、「優柔不断」な人間だと決め付けているフシがある。

また、この手の人たちには「臨機応変」という融通性がなく、「事前に決めたことはやるべきだ」という、どこか自己本位の正当化と思える理屈を立てたがるから困ったものだ。「休日にやる、やらない」を決めるのは、前もって組まれている予定じゃない。当日の気分、つまり「ノリ」しかない。

「ノリ」は仕事にも必要なんじゃないかな。オレも打ち合わせが長引いて、それ以上良いアイデアが出ない時などは、無理して続けず「飲みに行こう、オネーチャンのいるクラブに」というように、その場の状況を見て判断しているしね。だから、休日の過ごし方のノリが合う相手というのは、本当の意味で気が合う相手と言ってもいいんじゃないのかな。

余談だが、スケジュールをつめこんでオフの時間をフルに過ごすタイプには、なぜだかスッチーが多いという話を聞いたことがある。これってフライトで外国に行くと翌日が一日休みになるから、貪欲にオフの一日で名所を全部回ろうとする習性の人が多いからなのかなぁ。オレも含めて誰だってわがままなところはあるけれど、休みくらいノリで過ごしたっていいと、思うけどね。

遊ぶ金に汚い人は物にならない

結論から言ってしまおう。一緒に遊びたくない、お付き合いしたくない人は、ズバリ「遊びに金を払わない人」。「使うお金がない」というのは仕方がないし、あっても使いたくないから「遊びに行かない」「遊びに使わない」というのも、それはそれで一本筋が通っているから結構だけど、問題なのが、「お金もないのに遊びたがる人」。しかし、これはまだ可愛いほうかもしれない。そんななかで誰からも疎んじられ、嫌われるのが、「持っているくせに払わない人」ではないだろうか。

遊びは人間同士の絆を深め合うコミュニケーションだ、とオレは思っている。ひとつの事に一緒に取り組むことで性格の一端が垣間見えたり、一緒に飲んで初めて隠れた素顔に触れたり、遊びはまさに相互コミュニケーション文化だろう。

昼休みに、仕事帰りに、週末に、休日に、一緒に過ごす楽しいひと時は、仲間同士ならストレス解消に、初めて同士ならお互いを知る良いきっかけになるはずだ。ところが最後の〆の時、スパっと気持ちよく支払えないばかりに、せっかくの交流が逆効果になってしまいかねない。

竜ちゃんが、自分の行きつけの鮨屋のツケをオレに払わせたのだって、崩れようもないお互いの信頼関係が既に成り立っているから何とも思わないんだよね。お酒を二杯飲んだだけで「酔っ払ってしまいました～」って言うから、「おいおい、随分早いじゃねーか酔っ払うのが」と気をまわして、「いいよ、ここはオレが払うから」と言った途端、「復活しました」ってまた飲み始めるんだから……。こんなことは普通ありえないけれど、これに限りなく近いことはしょっちゅう目にしたりする。

飲食の支払いの際に本性が出る

ゴルフや温泉といった一人あたりの金額が比較的明確なものは、「じゃあ、これ僕の分」といって差し出されることもあるけれど、飲食の場では線引きがしに

い？」と囁く声が聞こえてくるから、落ち着いて飲みにくいのは確かだ。でも、「それが嫌なら、外に飲みに出かけなければいいんだ」というのがわかっているから、気にしないようにしている。

こんなオレとは逆で、お店でやたらと特別扱いされなければ気が済まない、そんなお客さんを見かけることがある。何年も通っていて多少わがままを言うのはわかるけれど、二、三度来ただけで特別扱いを要求するのは「違うだろう、それは」と、首を捻ってしまう。あるお店の店主がこう言っていた。「良いお客さん、それも常連さんほど腰が低いものです」。これには「う〜ん、そうかもな」と頷いてしまった。

遊びの達人は、いい気分のキャッチボール

自分がいい気分になると、自然と相手にもお礼を言いたくなるものだ。お店側にしても、「本当、今晩は楽しかった」とお客さんに心から言われれば嬉しいものだし、「もし、今度店に来たらサービスしてあげよう」という気分にもなる。要するに「いい気分のキャッチボール」なんだね。どんどん「いい気分のキャッ

チボール」を繰り返すことで、お互い気心がもっと知れて、深い人間関係が出来上がる。こういう人間関係が創れないと遊びも楽しくならないね。

遊び上手な人は、常に周りに気を遣っている。店にもそうだし、一緒に飲んだり食べたりしている相手であれば、なおさらだ。一人遊びは別にして、一般の遊びには相手がいる。相手が楽しくしてくれれば、こちらも楽しくなる。これこそ「いい気分のキャッチボール」だね。そして、遊びの達人になると気を遣っていることを相手に感じさせない。さりげなく、わざとらしくなく、心配りをしている。そんな人は場の流れや雰囲気をつかむのも巧みだよ。

「高慢は、常に破滅の一歩手前であらわれる」という言葉を聞いたことがあるけれど、偉そうに驕り高ぶる態度の人に、遊び上手な人はいないような気がする。お店で高慢な態度のお客さんが、会社の倒産、自己破産、左遷といった憂き目にあって、その後、一切姿を見せなくなったという話は夜の街でよく聞くけれど、昔の人は銀座や赤坂、六本木などで遊んだことがないのに、さすが先人の妙。時代を超えて言い当てているのは、それが真理に他ならないからだろう。

テレビのブラウン管の中は別として、素のオレなんか、できるだけひっそりと目立たずにいたい性分だから、高慢になりようもないし、破滅も嫌だから、一歩手前といわずに五歩も六歩も手前で充分だと心から思っている。ある意味、遊び上手とは謙虚な、控えめな気持ちでいることかもしれないなぁ。「オレが、オレが」と我を張らず、腹八分目で遊べば、遊びも充分消化されて体に良かったりしてね。

遊び仲間とも、ギブアンドテイク

遊び仲間の関係というものについて考えてみると、大きく二つに分けられるのではないだろうか。一つは、利害関係を一切無視した間柄だ。愚痴を言ったり聞いたり、困っていると聞けば無償の援助をできる限りするといったもの。これについては何もいうことがない。もう一つの関係は利害がベースにあるもの。それを「顔つなぎの関係」、ここではそう呼ぶことにしよう。

「顔つなぎの関係」とは、「何かで使えるから、とにかく関係を切らさないように」という考えの上に成り立っているもので、世の中の人間関係の半分以上がこれじゃないかと思うね。ある意味で、こういう関係の人たちも遊び仲間の一部だから、頻繁ではないにしろ、年に数回ゴルフをしたりお酒を一緒に飲んだりする。オレはなにもこういうたぐいの関係を非難するつもりもなければ、文句を言うつもりもない。誰にだって多かれ少なかれ、メリット、デメリットでの人付き合いがあるのはわかるからね。

この手の関係を上手に保っていくためには、一度相手の立場に立ってみたほうがいい。「何かで使えるから、とにかく関係を切らさない」という自らのメリットだけを先走りさせても、相手からは「あなたのほうこそ何かで使えます？」という見方をされているかもしれない。自分の利だけを優先した人間関係は長続きするはずもないし、そういったもくろみ自体を見透かされないわけがないだろう。相手だってバカじゃないんだし、バカじゃないからこそ繋いでおきたいと思っているわけだ。

シーソーを思い浮かべてみればわかりやすい。片一方がとてつもなく重い体なら、シーソー自体が成り立たないし、斜めに傾いたままで一向に楽しくない。どちらも同じような重さだから行ったり来たり、ギッタンバッコン楽しい遊びが続けてできるのであって、まさにこれと同じ。双方が同じような力量であれば、ガツガツ片方だけに過度の期待を寄せることもなく、本当の意味で「何か」の時にお願いできる良い関係を保つことができる。だからこそ、自分の利ばかりの目で相手を見るだけではなく、自分は相手にとっても得になるのか、という自己の価値を改めて認識していたほうがいいかもしれない。

若い女性とオジサンは一方通行の関係

近頃は、若い女性にこの自己の価値というか、自分のお値段を過大評価しすぎている子が多くなっているらしい。「私たちみたいなイイ女と一緒に食事ができて、幸せよねぇ」なんて言っていると聞く。「だいじょうぶかぁ～」と思うのだが、彼女たちのお目当ては絶対に自分たちでは払えないし、払わないバカ高い食事だ。そしてその食事代をしっかり払ってくれるサイフ代わりのオジサンは、とにかく「何かで使えるから、関係を切らさない」遊び仲間らしい。本当にイイ女なら仮にバカ高い食事だって、「いや～、よかったよ～」と満足もしようが、常識もなければ、ろくすっぽ返事もできないような女にそこまでの価値はないかもね。

オネーチャンから見たオジサンではなく、たまにはオジサン側から見た「あなたのほうこそ何かで使えます？」といった視点で自分たちを見てもらいたいものだ。なかには一人、二人「そうね、私なら払わない」と、その理不尽さに気が付く子もいるだろうけれど、ほとんどと言っていいくらい「こんなにイイ女なんだから、私なら払う」と、どこまでも平行線だろうな、このたぐいの話は。だからオジサンたちも、一回こっきりで二度と食事のお付き合いをする気が起こらない。早い話が「もうたくさん」というワケ。

こんな低レベルの話は別として、「大人のお付き合い」なんだから一方通行はやめとこう。土地だって片側通行の土地より、両側通行四メートル以上の道路幅の物件の方が価値があるんだから。それと同じだね、人付き合いも両側通行でいきたいものだ。

遊びには仕事以上の注意を払う

本来「行け行けどんどん」の性格ではないから、知らないことやわからないことに、いきなり根っこまで首を突っ込むことはない。臆病だからね、こう見えても。犬が食べ物を出された時、すぐにバクッと食いつかないで、クンクンとしばらくの間、臭いを嗅いでいるよね。あれは、この食べ物が安全かどうかを調べているんだ。すぐにでも食べたい気持ちを抑えつつ、まずは確認作業を怠らないというのは、動物の本能のなせる業なのだろう。

知らないことやわからないことに、「遊びだからいいだろう」という軽い気持ちで関わると、痛い目にあう場合が多々ある。仕事なら緊張感と集中力が働くけれど、「遊びの時まで、そんな疲れることは嫌だ！」というのもわかる。当然、遊びの時はダラ〜ッとしたいもの、オレだってそうだから。しかし、ダラ〜ッとしたなかで、肝心かなめの一点だけにも気を遣えない人は、後で泣きを見ることが多いのではないだろうか。

犬をはじめとする動物たちが、「今日は遊びの日だから気を抜いちゃうもんね。だからクンクン匂い嗅ぎは省いて、いきなり食らいついちゃおう」ということをするかというと、絶対しないね。なぜなら、彼らには仕事と遊びの区別はないし、まず安全を確認するという作業自体が、生きるために絶対欠かせないことだからだ。

付き合い始めこそ、慎重に

動物好き、犬好きのオレとしてはこれを踏まえて、女の子と付き合う時も、まず慎重にことを運ぶことにしている。なぜなら付き合い始めるということは、「結婚してもいい」ということをオレの場合、意味するから。絶対と言っていいほど、その日知り合った女の子をお持ち帰りして深い仲になるということはない。基本的には、あまり尻の軽い女に対して興味が湧かないからだ。さらに別の理由もある。その女の子の背後に何があるかわからないからだ。例えば、美人局《つつもたせ》の恐

い お兄さんが、「俺の女に手をだしやがって……」というセリフと共に現れたりするのはゴメンだからね。これまで高い授業料払ってきたんだから、こういう初歩的なミスはしないな。

以前の話だけれど、Aというクラブの女の子を家まで送ったら「妹がファンなの」と言うので、少しばかり部屋に上がることになった。しばらくして「じゃあ、帰るから」と言うと、その妹が「どうしても、けんちゃんの家に行きたい」と言うので、そのまま一緒に家に帰ることになった。そして、何もないまま翌日帰っていった。その後しばらくクラブ通いから遠ざかっていて、ある晩そのAに立ち寄ってみた。すると店の人から「その筋の人が探してたよ」と言われ、「え、なんで」と聞けば、「うちの子の妹、行っちゃったでしょう」という答え。結局、その妹が「何もなかったし、私が勝手に行ったんだから放っといて」と説明してくれたらしく、事なきを得た。

また、Bというクラブの女の子と付き合うようになって、その店を辞めさせたことがある。付き合い始めたからだ。ある晩Bに立ち寄ると、「ヤクザ屋さんの親分が、随分あの子を贔屓《ひいき》にしていたらしいよ」という目の前が暗くなるような話をされた。しばらく経ってから、他のクラブでその親分さんとバッタリ出くわしてしまった。席に呼ばれ「けんちゃんが、俺の大事な可愛い子を持っていったからなぁ」と言った途端、周りの子分衆が「んー」という凄い顔をしてオレを睨みつけた。が、それだけで済んだ。危ない話といえばこれくらいのもので、それ以上のことはない。

部屋を見れば女がわかる

とにかく気を付けるに越したことはない。「注意一秒、ケガ一生」、そこを考慮して行動しているつもりだ（注意していても失敗する場合もあったけど）。そこでイロハのイ、それは何度か会って、その後、送りがてらに部屋に行ってみることだ。部屋を見れば、断片的にでも生活を窺い知ることができるから。本人のイメージにそぐわないものや、「どう見たって、これ、おまえの趣味じゃないだろう」といったパトロンの匂いがする高価なものがあれば、気を付けたほうがいい。恐いお兄さんが登場しないまでも、何か面倒なことに巻き込まれる気配を察知したら、即、撤退だね。こればかりはカンと経験値によるところが大きいから、二十歳そこそこの人じゃ難しいかもしれないね。まだ二十歳くらいじゃ、シャバに授業料は払っていないからなぁ。少しばかり収めたら目が肥えてくる。オレもそうだったし。いずれにせよ、慎ましやかな生活ぶりで、金目のものなどほとんど置いてない、男の匂いもしないというのが、オレの判断基準。

危険のサインは、常識的に考えればすぐに気付きそうだけれど、遊んでいるとどうしてもその部分のネジが緩んでしまって見落としがちだ。新宿や池袋のような繁華街を歩いていると「どうですか、四千円ポッキリ」と、お決まりのフレーズで誘うキャバクラのスタッフや、「いかがですか〜、二千円で飲み放題ですよ〜」と、行き交う人にチラシを配る居酒屋の店員をよく見かける。どう考えても、キャバクラが四千円ポッキリで済むわけがないだろう。単純に、女の子の人件費や、呼び込みの取り分を考えれば、四千円では済まないことはわかるが、一瞬それで納まると考えてしまうのが怖いところ。居酒屋だって店に入ってみると、お客さんが誰もいなくて、頼んだ料理がマズくて食べられない、といったことも多い。

この手の誘いに案外引っかかりやすいのが、職場や学校でデキると言われている人。職場や学校という限られたハコのなかでは、理路整然とした考えや常識が立派に「正解」とされているから、街場を歩いていてもそれが万国共通でまかり通ると思いがちだ。ところが遊びをビジネスにしている人たちは、なにも善人ばかりじゃない。「店に入れさえすれば、こっちのもの」といった、「何でもあり」の世界もしっかり存在している。軽い気持ちで一旦足を踏み入れてしまえば、「こんなこと、法律で許されません」と言ったところで、相手にしてみれば「ボク、何言ってるの」ぐらいにしか思ってはくれない。

そもそも客引きをしているということは、その店は流行っていないということを証明している。お客さんがいないから外で客引きをしている。そんな店の呼び込みのトークを信用する方にも、落ち度があるとオレは思うね。別のところにも書いたけれど、遊びのなかで起こる問題の根幹は、ほとんど「スケベ心」にあるとオレは思う。「スケベ心」というのは何も女性関係だけじゃなく、金、名誉、地位といった「欲」全般だ。

楽しみの近道はないと心掛けよう

食べたい、飲みたい、女の子とお近づきになりたい……といったことを簡単に手に入れようと思うことが、そもそも間違っている。食事処を例に取れば、高くて旨いのは当たり前。安くて旨いものを探すには、足と腰を使うしかない。羅針盤になるのは、自分の好奇心だ。雑誌やテレビ以外の口コミ情報にもアンテナを張り巡らせる。その上で実際に足を運んでみる。評判の店が意外にそれほどでもなかったりするから、実際に食べて自分の舌で吟味するしかない。女の子も本当にいい子は難攻不落、誠意を行動で示して何度もアタックするしかない。「楽しくて遊ぼう」とか、「うまい話はないか」という発想だけは持たない方がいいね。

いずれにしても、遊びの時は仕事の時より注意を払うことだ。注意を払うよりもっと良い方法といえば、「君子危うきに近寄らず」「触らぬ神にたたりなし」が、一番じゃないのかなぁ。

伴侶次第で人望も変わる

宴会、カラオケ、ゴルフといった定番はもちろん、テニスやサーフィン、山登りに温泉めぐり、バーベキュー・パーティといった集いに「とにかく、あいつは呼ぼう」と、必ず一番最初に声をかけられる人がいる。その人がいるだけで場が和んだり、雰囲気が盛り上がったりするからだ。麻雀にしても、面子不足で声をかける場合には、やはり人選には気を遣う。性格が悪いと、せっかくの楽しいひと時が台無しになってしまうからだ。その意味からも、最初に声をかけられる人というのはまさにその逆で、「性格がすこぶる良い」と断言してもいいんじゃないのかな。

その「お呼ばれモテ男」が、ある日突然彼女や奥さんなどパートナーを、集いの席に連れて来たとしよう。すると、これまで男同士で遊んでいた時とは、まったく別の素顔を見ることもある。ハッキリ言って別人と思えるほど彼女や奥さんに気を遣っていて、「おまえ、どうしちゃったの?」というように豹変してしまっている。女同士の場合も、これと似たようなことがあるはずだ。

結婚すれば、二人で一人格

奥さんが性悪の場合が一番問題だろう。彼女の場合なら、くっついたり離れたりしていればまだ済むのだが、これが女房となればそうはいかない。人間、独身の時は一人一人格だからいいんだけど、結婚すると二人で一人格ということになったりするんだよね、これが。いわゆるパッケージ化。パッケージだから一つだけ別売りとはいかない。そうすると「あいつはいいんだけど、奥さんがなぁ～」ということになって、お呼びがかからなくなるし、また、かけたくもなくなる。「どうせ一緒に来るんだろうから」とか「カミサンに言い訳して、抜け出さなきゃなんないんだろう?」と、こちらも気を遣ってしまうからだ。さらに情けないのが「あの～、もう三十分ぐらいで終わると思うけど～」という具合に、やたらと携帯電話でマメに連絡を入れている姿。「おまえ、仕事でもそこまで気遣ってるかぁ」と言いたくもなるね。

主婦の立ち話でもこの手の話は登場する。「あそこのご主人はウルサイらしいのよ～、とにかく」という内容の世間話だ。独身時代と違い女性も結婚するとなにかと制約が多くなって自由に外出するのは難しくなる。こんどは逆に旦那の方が「おまえ、どこに行くんだ」というように、縛り付けてしまうのだろう。とにかく二人で一人格ということを簡単な足し引き算にしてみるとわかりやすい。

独身時代の「お呼ばれモテ男」
人望値10点（10点満点中）
＋
結婚相手「性悪女」
人望値マイナス12点

答え　人望値マイナス2点

これで一目瞭然だろう、まったく誰からもお呼びがかからないようになってしまう。いくらご主人の方が昔ながらの人付き合いの良さを発揮したところで、奥さんの負のオーラがその気を吸い取ってしまっていて、それに気付かないでいるから、「近頃、どうして誘いがこないんだろう」という状況が出来上がってしまう。これは、いわゆる「下げまん」といわれている女性を掴んでしまった時だ。

これとは正反対の「上げまん」の場合は次のようになる。

独身時代の「お呼ばれモテ男」
人望値10点（10点満点中）
＋
結婚相手「性格いい女」
人望値8点

答え　人望値18点

ただでさえ人付き合いの良いご主人の性格に、さらに奥さんの性格の良さが二重に加味されて、「とにかく、あいつは呼ぼう」という気運が仲間内でも益々盛り上がる。

「どうぞ、どうぞ、どんどん誘ってあげてください。お付き合いも大切ですから」などと奥さんが言えば、旦那も「いいの、いいの、いつも先に寝てろって言ってあるから」というように、その場の雰囲気を壊さないように双方が気を遣っている。そして「男として、ちょこまかちょこまか気を遣っていませんよ」とか、「ちゃんと女房をコントロールしてますよ」といった威厳をチラっと見せてくれるんだよね。

なぜオレがこんな話をするかといえば、家庭の主婦が奥さん同士で「あそこの旦那はねぇ～」と言っている分には茶飲み話で済むんだけれど、男性の場合、それが仕事に直結しちゃう場合が多いから恐ろしい。中学、高校、大学時代の遊び仲間もいい歳になって、それぞれちゃんとした地位に就いていると、一応決定権のある立場になっている。仕事を発注する際、どうせなら気心が通じている方がやりやすいのは言うまでもないから、そこでまず仲間に一声かけてあげるワケ。「うちでこんな仕事があるんだけど、おまえのところでやってみない？」というようにだ。それもこれも、つまりは繋がり。だから同じ大学出身者が「おう、おまえもか？」というように、同色のシンパシーを感じるのも、まさにこれと同じ仲間意識といっていい。

その繋がりをブチ壊すのも活かすのも、自らのパートナーである女房というワケだね。だからこそ気を付けたほうがいい、すでに二人で一人になっているんだから。女房に「あんなバカな人と付き合うのはやめなさいよ」と言われたって、「いいんだ、おまえは黙っていろ!!」と毅然とした態度を貫いていると、そのうちバカだといわれた遊び仲間が立派な社長に納まったりして、「果報は寝て待て」の結果となる。「どうしてあんな人が」と性悪女房が呟いたところで、自分自身が一貫して毅然とした態度で振舞えなかったら、そんな宝のコネもみすみす壊すことになるんだよなぁ、これが。

とにかく、古くからの遊び仲間というのは気心が知れているだけでなく、妙に深い信頼関係がお互いの間に出来上がっている。この太い繋がりこそが、人生においても心の支えとなったり、実利のパイプとなって必ず何かしら寄与してくれるはずだ。だから、仲間から声をかけられなくなったら、何か身の回りに原因がないか一度疑ってみることだ。

それから、旦那の遊び仲間を大切にできない女房なんて抱えていたら、一生浮かばれない人生を送るハメになると思うな。だってこの世の中は人間社会、つま

人生という味噌汁は手間隙かけて作ろう

理想の味噌汁は、そもそも最初の段階で、良い味と品質の味噌（性格）を使ってあることだ。次に、キッチリとした一本芯が通ったダシ（環境）がひいてある。そして、煮詰まっても煮崩れしない、さまざまな種類のしっかりとした具（教養や知識、見識、趣味）が入っている。付け加えるとすれば、煮詰まるほどに味わい深くなる具だ。本来の味噌汁は、味噌を煮立たせないのが美味しく作るコツなんだけれど、人生という味噌汁を一回ずつ作るのは無理だもんな。仮に何度も火にかけなくても、水分はいつしか蒸発するから同じこと。老いには逆らえないんだよ。だからこそ、最初から手間隙かけて作らないといけない、とオレは思う。

理想の味噌汁の味わい、それを人間に戻すといい年輪の刻まれた味のある顔になる。「顔が利く」という言葉があるけれど、ここでの「顔」は知名度や権威の意味。今話題にしている「顔で遊ぶ」とは、氏素性を名乗らずとも、その人の顔がすでに氏素性、そして人間性を語っているということなんだね。だから性格の悪い女性が歳をとると、よりいっそう性悪な顔つきになってしまって、どんなに高級な服やアクセサリーで身を固めてもバレてしまうし、本人自体が浮いてしまっているね、だいたいそういう人は。

もしオレが芸能人でなかったとしても、この歳になれば「良い顔してるね」とは言われたいな、別にいい男ということじゃなくてね。若い時は「色男」でもいいけれど、歳を重ねたら「良い男」のほうが深味と厚味がありそうだし、その歳までフェロモンがギラギラしていては不気味だろう、やはり。

ある年齢以上になれば、自分の顔はもはや名刺と同じ意味を持つことになってくる。有名企業の名刺を差し出せるのもよくて定年までだし、そもそも名刺にバリューを託しているようじゃ考えものだね。お店で飲んでいてもちょっとした存在感があるような、そんな顔つきになれるのがオレの理想だ。とくにプライベートな時間は自分の顔こそが、証明書だと思うから。

番外編　上島竜兵、志村けんの遊び方を語る

遊びということに関して、オレ志村けんはどんな遊び方をする人なのか？　という質問を編集部からされたが、本人自らが「志村けんの遊び方は……」とか「遊び人としての志村は……」ということを語るわけにもいかないので、「それならプライベートでも一緒によく飲む、ダチョウ倶楽部の上島竜兵に聞いてみたらどうですか」ということになった。ここから先はその一問一答だ。

――上島さんは、志村さんとはよく一緒に飲まれるんですか？

上島　今日もこの後、ラジオの仕事があるんですけど、そのあとで必ず飲みますね。昨日も一緒にやらせてもらっている『志村流』という番組が終わってから、行きましたから。仕事が一緒の時で、お互いに後の仕事が入っていない時は、毎

回飲みにいきますね。

――プライベートでは？

上島　仕事がオフの時でも僕のほうから電話したり、志村さんのほうからかかってきたりして飲みに行くことが多いですね。最近は僕も地方の仕事が多いので、毎日一緒ということはないんですが、知り合った頃は、毎日僕のほうから電話して「飲みに連れて行ってください」って頼んでいましたから。

――最初に知り合われたのは、どのくらい前ですか？

上島　そうですねぇ～、かれこれ六、七年くらい前でしょうか。僕はプロレスが好きで日本武道館に試合を観に行った帰りのことです。全日本プロレスの川田利明さんに「これから飲みませんか？」という誘いの電話をしたら、川田さんが「今、志村さんと一緒に飲んでいるけど、志村さんが竜ちゃんもおいでって言ってるよ」と言うんですよ。

僕はそのとき志村さんと仕事をしたこともなければ、ましてや会ったこともなかったんですよね。で、正直恐かったし、何の話をしていいのかわからないから、川田さんに「明日、仕事で早いからって断ってください」と言って電話を切ったら、またかかってきて川田さんが、「オレも早いんだから、いいから来いって言ってるよ」と言うんですよ。

知らない間に志村さんに代わっていて「オレも明日早いって言ってんだろう、早く来いよ」といきなり言われて、「ああ、あ、すいません。すぐ行きます」って慌てて行ったのが、最初の出会いですね。


――場所はどこだったんですか？


上島　麻布十番の韓国居酒屋でしたかね。表にはリンカーンのストレッチ・リムジンが停まっていて「あ～、大スターの志村けんだぁ」と思いましたね。

いざ会ってみると非常に気さくな人で、「最近おまえたちコントやってないだろう？　バラエティばかり出ていちゃダメだよ、今度『バカ殿』でコントやってみたら。その代わり自分たちでネタは考えなきゃダメだぞ」と言われたから、「え、本当に出してもらえるんですか、ありがとうございます」と答えたんですけど、多分「酒の上の話だろうな」と思うじゃないですか、だから本気にしていなかったんです。

すると、一週間後スケジュール見てみたら、ちゃんと『バカ殿様』って入っていたのには驚きました。その有言実行ぶりには「さすがだなぁ」って感心したのを覚えています。

――その後の連絡はどちらが？

上島　そのとき、志村さんが「オレは後輩から『飲ましてください』と電話してくるのが筋だと思うから、先輩のオレのほうから連絡することはないからな」とハッキリ言われたんですよ。それで、何度も電話しようと悩んだり、実際電話して志村さんが出ると「あ、駄目だ」ってガチャっと切ったりと、なかなか恐くて踏ん切りがつかなかったんです。けれど、どうしても一緒に飲みたくて勇気を出して電話したら、すっごく喜んでくれて、クラブやらなにやら連れて行ってもらったんです、いきなり。

――行ったお店は？

上島　六本木の高級クラブでした。名前は「あかね」。座るだけで一人五万円という店で、生まれて初めて行きました。そして「へ～、これがお笑い界の大スターの遊び方なんだ」と、実感しましたね。

――最近はどのあたりで志村さんとは飲むんですか？

上島　そうですねぇ、ほとんど麻布十番ですかね。志村さんは麻布十番時代が長かったものですから。それに、あのあたりの人は芸能人だからって、へんに声をかけてくることもないし。

――麻布十番ではどんなお店に行くんですか、志村さんとは？

上島　志村さんには高い店にもよく連れて行ってもらいますけど、ホントに庶民的な居酒屋にもよくご一緒させてもらっています。おでんをつまんで飲んだり、遊び方はいたって庶民的です。

――志村さんの遊び方は、けっこうストイックじゃないですか？

上島　かなり飲みますから、二ヶ月に一回、かかりつけのお医者さんで血液検査は怠りません。ガンマGTPやGOTとか、中性脂肪をチェックしているんですけれど……。いつも突然電話がかかってきて、「おい、おまえ何やってんだ」と言うから、「いや、今仕事が終わったところです」と言うと、「オレも終わったから、ちょっと馬場先生のところに行って血を採ってもらおうかな」って言うんですよね。このお医者さんも麻布十番にあるんですけどね。そして、また二人して十番で飲んじゃうんですけど。

――聞くところによると、かなりの健康オタクらしいそうで？

上島　そうなんです。栄養補助食品、サプリメントなんかしょっちゅう飲んでますよ。以前、笑ってしまったのが一緒に旅番組で地方ロケに行った時、食事が終わって、「それじゃ、薬でも飲むか」って言うんですよ。まずは馬場先生のところから貰った薬と、亜鉛、ウコン、伝七にんじんの粉薬、漢方薬二種類……合わせて二十種類くらい出てきましたね。全部飲むわけじゃないんですけど、ずら～っと並べて。

――タバコの量も多いような気がしますが？

上島　タバコも、僕なんかに比べたらタール1mgのカールトンだし、半分くらい吸ったら消しているし。だから、見た目には量が増えているように映るんでしょうけど、そこまでひどくないんじゃないかな。僕なんかセコいから根元ギリギリまで吸いますけどね。

――特に病気など気にしていますか？

上島　志村さんの生き方として、「どうせみんな死ぬんだし、タバコとか酒とか自分の好きなことをやって、好きな仕事をして死ぬならそれでいい」というノリですから。あまり神経質にはなっていないと思います。生き方が凄い、ストイックですよね、ほんと。一本筋がピーンと通っています。たけしさんも言っていましたけど、「この業界で、お笑いちゃんとやっているのは志村さんだけだ」って。お笑いをやって死ねるなら本望なんじゃないですか。

――話は変わりますが、以前テレビで拝見した時、上島さんが、「うちの奥さんが自分といるよりも、志村さんといる時間の方が長いって言うんですよ」と話されていましたが。

上島　そうなんですよ。知り合ってすぐの頃ですかね。僕から毎日ずーっと電話していましたね、一緒に飲むのが楽しくてしょうがなくて。黙っていても「志村けんと一緒に飲んでるんだ」と思うと、ジ～ンと感激しちゃって。そのくらいでした。とにかく面倒見が良くて優しいですよ、ほんと。

――仕事での性格は?

上島　旅番組で地方に収録に出かける場合、一見楽しそうにやっているみたいに見えますけれど、メチャクチャ朝が早くて辛い仕事なんですよ、夜も遅いし。温泉に入る場面ひとつにしても、すぐに入っているように見えますけれど、実際は随分遠くから歩いて来て入るシーンを何度も撮ったりするんですよ。ところが志村さんが一緒だと、朝はどんなに早くても絶対十一時から。「オレは朝からお笑いはできないんだ」って言うんですけれど、これがワガママで言うんじゃないんですよ。ちゃんと事前に、時間をたっぷり取って、充分に細かいところまでキッチリ打ち合わせをする。そうすることで朝を遅くできるし、そのスケジュール管理まで自分でするから偉い。で、「このシーンは必要ないんじゃないか」とか、「もしこのシーンを撮るなら、自転車借りてきて撮ろうよ」という具合に、一～二週間前からスタッフを集めてキチンと準備しますからね。

——他には？

上島　最初の頃は「大変だなぁ」って、僕のグチを聞いてくれていましたが、そのうち「竜ちゃん、朝が早くても仕方ないよ、その時間で仕事受けたんだから。もし朝が早いのが嫌なら、その分事前に無駄を省くような段取りの打ち合わせをしなきゃ。それと、どうしてもやりたくないようなネタだったら、それに代わるもっと面白いネタを出さなきゃダメだよ」と。まったくホントだなと思いました。その点が凄い。

——話はまた変わりますが、上島さん行きつけの鮨屋のツケを、志村さんに払わせた、という話の真相は？

上島　行きつけの中野の鮨屋があるんですが、志村さんがそこの鮨屋に来てくれたなら僕がご馳走しようと思っていたんですよ。で、実際に来てくれた時、「なんでも好きなものを頼んでください、僕がおごりますから」と自分で言ったにもかかわらず、焼酎二杯で僕が酔っ払ってしまったんです。

するとと志村さんが「おまえ、自分が金払う時はすぐ酔うな〜」って。それからしばらくして、「じゃ、出ましょうか」って僕が言うと、「おまえ、まだ何にも食ってねぇじゃねぇか」ということで、また、そのまま飲んで「じゃあお勘定」という時に、志村さんが「いいよ、オレが払うよ、いくら？」と言うと、鮨屋の大将が「五万円です」と言ったんです。

実は、いつも夜遅く店が閉まる頃に行くと、「あ〜、もういいから」って大将がお金を取ろうとしなかったりするので、「それじゃ悪いから、ツケといて」って言って帰るんですけれど、そんな僕の溜まっていたツケを、大将が気を利かせて全部請求しちゃったんですよ。志村さんからしてみれば、あんまり食べてないのにその金額だから、「随分高いなぁ〜」って言ってましたけど。そんな高級な鮨屋でもないからバレますよね（笑）。

――飲んでいた時に、印象に残った志村さんの言葉ってありますか？

上島　志村さんから言われたことで、吹っ切れたことがあるんですよ。ダチョウ倶楽部もそれぞれ個人の仕事が多く入ってきた時、他のメンバーは多趣味だったりするからけっこう声がかかるんですけれど、僕だけ無趣味だから、なぜか仕事が二、三日空いたりすると落ち込むじゃないですか、やはり。

そんなとき志村さんが「ねぇ、竜ちゃん、おまえお笑い好きなんだろ？　お笑いが趣味なんだろ。それなら他の趣味なんかいらないじゃない。お笑いだけやってればいいんだよ。これからは趣味が仕事、仕事が趣味の時代なんだから」って教えられた時から、見事に吹っ切れましたね。

――志村さんは綺麗な遊び方をしますか？

上島　女の子を呼んで一緒に飲んだ時も、必ずと言っていいほど女の子には帰りのタクシー代を渡しますね。遠い子なら二万円くらいかかるのに。それも全員に渡すんですよ。僕も昔はもらっていましたから。「おまえは中野だったよな。だったら一万円で帰れるだろう」って。「いやいや自分で帰りますから」と言っても、「いいよ、いいよ」と言ってくれていましたから。今ではさすがにもらってませんけど。なにしろ人に気を遣いますね。

――他には？

上島　いつも飲みに連れて行ってもらって、全部払ってもらっていましたから。で、一回言われたのが「オレと一緒の時はオレが全部払うからいいよ。でも、スポンサーの人なんかと二人で飲む時は、たまにはおまえも払わなきゃダメだよ。そういう持ちつ持たれつの関係じゃないとね」と。僕なんか横で見ていて「スポンサーの人に払ってもらえばいいのに」と腹の中で思って見ていても、志村さんは自分で払うことが多いですね。

――芸能界は広いですけれど、志村さんみたいなタイプの人は？

上島　昔は同じ事務所の片岡鶴太郎さんにはお世話になりましたけれど、ここまで何から何まで全部連れて行って面倒をみてもらったのは、志村さんが初めてですね。お金で見苦しい場面を見たことはないですね。それに毎日外に出て、必ず飲んで、という人はあまりいないんじゃないですかねぇ。たけしさんもそれに近いタイプですけど、たけしさんの場合、たけし軍団さんと一緒ですし大勢に囲まれていますから。一人単独で、という人は志村さんぐらいじゃないでしょうか。

お金だってたくさん稼いでいるでしょうけれど、セコく溜め込んでというところが一切ない。どちらかというと「宵越しの金はもたねぇ」の頑固な職人気質って感じですからね。

――稼いでいる人は成金趣味的になりますが、志村さんはぜんぜんそういうところがないようですけれど。

上島　そうなんです。車や洋服といった物に見栄を一切張りませんから、ほんと素のまんまですよ。志村さんの素のまんまの話で、ひとつ面白いのがあるんですけれど。

志村さんは電気関係は一切ダメなんです、疎いんですよ。以前、自分の家の照明が切れて、取り替える際、照明器具の開け方がわからなくて、電気屋さんを呼んでしまったんです。すると来た電気屋さんが「志村さん、このポッチをクイっと押すんですよ」と言って、いとも簡単に開けてみせた。それで「あ、あ、あ〜、ね」と納得して、「おいくらですか?」と聞いたらしいんですよ。すると電気屋

「何言ってんだよひよッ子なのは、頭だけだろ」なんて思いますけどね、ハッ、ハ、ハ、ハ……僕らから見りゃ神様だろ、みたいなところなんですが、絶対に自分じゃ認めないですね。

——長々とありがとうございました。

第三章

遊びの実践

女と趣味には完璧を求めるな

女と趣味には完璧を求めるな

仕事に対する取り組み方もそうだけれど、準備もせずにブッツケ本番というのは、プロ意識に欠けるという思いがある。そして完成度を高めるためには、それなりの用意が必要だというのが、オレの性格からきた持論だ。このことは女性との付き合い方にも反映されているかもしれないね。

一般に女性との付き合い方には、二つのパターンがある。ひとつは、「寝てみて、好きになるかどうか考える」というもの。もうひとつは、「寝る前のプロセスに重きを置く」というものだ。なかには「とにかく裸になってみなくちゃわからない。それから付き合うかどうかを判断する」という人もいるけれど、オレの場合はまったく正反対。すぐに深い仲になるというのは、どうも納得いかないし気に食わない性分だ。

ソープランドに行くのにしても、「ご祝儀」という名目のお付き合いで行く場合もあったけれど、「見ず知らずの赤の他人とするのは感情も湧かないし、ましてやムスコにも力が入らない」というのが正直なところ。「いくぞ〜」という気になるまでの、心の準備がキッチリ整わないと次に進めないのは、オレの性格が恐がりで臆病だからだろう。

付き合い始めは、自分の感情がカーっと燃え上がるんだけど、すぐに飛びつくようなことはしない。横目でジ〜っと観察を続け、「だいじょうぶだぁ〜」と踏んでから次のステップに移る。そして、「自分の女になったんだ」と安心すると、これまで上昇していた血圧が下がるように、一気に通常のテンションに戻る。すると、今度は「冷たい」と言われるんだな、オレの場合。今までこのパターンの繰り返しだ。

いざ一緒に住んでみると、いろんなアラが見え隠れし始める。チラ、チラと見え始め、終いには「あ〜、なるほどね、あ〜、そうだったわけね」と、言ってみたところで後の祭りにしかならない。だからって失敗したとは思わず、そこはただ単に認めてしまうだけだ、「そういうことか」という具合に。

女に八割納得しても、二割しっくりこない

また、状況によって気が合う相手のタイプが違うことは、ままあるね。飲んでいて楽しい女というのがいる。楽しい酒だ。じゃあ、「一緒に飲んで楽しい女とのエッチは良いのか、満足なのか」と言われると、「そうじゃない」という答えになる。すると今度は、「エッチが良い女と、話が合うのか」と聞かれれば、「いや、違うな」という答えになる。さらに「話が合う女が、家にいたらいいのか」と問われれば、「よくない」というように、どうやっても満足という滑走路に着陸できないでいる。

人間、仕事にしても、遊びにしても、「もう、これ以上の完璧なパターンはない」と潔く言い切れて、納得できるものだろうか。オレには無理だろうな。基本姿勢が八割主義のオレとしては、「そこそこの二番手でいいんじゃないの、残り二割の目標を残しておけば」というふうに考えて、女性にしても八割方は「ん、ん、そんな具合」という感じで納得するけれど、どうも残りの二割のところがしっくりこないからいまだに独身生活なんだろう。実は、その二割のうちの一割は

らない状態になって「あ〜、だめだなぁ〜」と、しきりに反省したことを覚えている。

店にはカウンターの中に従業員が三人いて、彼らと一緒になって面白いコントをお客さんの前で披露していたら、そのうちお客さんのなかにも、オレのファンができてきた。しばしの間ドリフの付き人を休んでいても、真剣にコメディアンを目指す気持ちには変わりなかったから、ズブの素人が遊びでやっているより格段に力が入っていたのだろう。それに、付き人休業中とはいえ、プロなのだからお笑いにも磨きがかかっている。そんなファンのなかの一人が彼女。昼間の喫茶店をやっている時間に来ていたお客さんだった。

その後、オレはドリフターズの付き人に復帰するんだけれど、戻ってからも彼女との交際は続いていた。仕事が忙しいから、なかなか会えないし、また付き人連中との同居といった環境から脱出したかった、あのときは……。「一緒に住もうか」という話になって、初めての同棲生活が始まった。三畳一間の部屋だった。

当時、彼女は専門学校生だったかな、たしか。何の専門学校だったかは覚えていないけれど。彼女の専門学校の授業料で、家賃を払っていたね。オレの給料では、もともと払えるわけがない。この同棲生活はあっけない幕切れとなった。結果的には同棲期間にして三ヶ月という、あまりにも短い間だったな。

同棲発覚は、ひょんなことからだった。ある朝、遠くに仕事で出かける時、いかりやさんが「じゃ、オレの車に一緒に乗っていけ」と、もう片方の付き人に言ったらしい。自分の家の傍のアパートに、てっきり相棒と住んでいるものだとばかり、いかりやさんは思っていた。いざ出発という段になってもオレは姿を現さず、相棒一人だけがやって来た。「志村は？」と突っ込まれると、「実は～あいつ、別に住んでるんです」と話してしまったのだ。別のところから仕事場に現れたオレに、「何やってんだ、この野郎！　おまえだけ単独で勝手なことしやがって」と、いかりやさんの怒りが爆発したことは言うまでもない。このことも問題ではあったが、さらに輪をかけた第二の問題が発生した。彼女に子供ができてしまったのだ。

仕方なく彼女はこの件を両親に告白した。相手の両親は、うすうすオレと付き合っていることは知っていたらしいが、一緒に部屋まで借りていることは知らなかったらしい。なにせ父親というのが土建業で、すごく怖かったのを覚えている。

挨拶に行ったら、「どうすんだ！　この野郎」と怒鳴りつけられて、ビビりまくったね。

親父の退職金で恋愛の後始末

お金もない、仕事もまだまだの状態では、別れるしか選択肢がなくて仕方なしに親に泣きついた。というのも、相手方に慰謝料を払うことになってしまったからだ。もちろんオレに払えるお金などあるはずもない。親父の退職金のなかから百万円を出してもらって彼女の家に謝りに行った、お袋と兄貴に一緒に付いて来てもらって……ね。

人に迷惑をかけるのが人一倍嫌いな性分のオレにとって、この一件はとても心苦しい出来事だった。長年教員を勤め上げた親父の、苦節何十年の証ともいうべき退職金を、こともあろうにこんなことに散財させるのかという悔しさと、お袋と兄貴まで巻き込んでしまったことを深く反省したのだった。今ではその分「親孝行しなくちゃ」と、痛感している。お笑いを売り物にしているオレにとって、マジで笑えないネタの一つがこれだ。

女が変わるたびに、引越しする性分

ドリフに戻ってからは忙しい日々が続き、私生活でも波風の立つ暇がないほど、毎日仕事に忙殺されていた。昔、痛い目にあった恋愛のことも、喉元過ぎればなんとやらで、すっかり忘れてしまっていた。多少学習したせいだろうか、大きな火傷をしない線香花火程度の女遊びに終始して、日々は過ぎていった。

そうこうするうち、ドリフの前座を務めていた歌手の女の子と付き合うようになり、これまた同棲時代に突入してしまう。当時、オレは根岸にアパートを借りていたんだけれど、近くに彼女と彼女の母親、それに彼女の兄貴の三人が一緒に暮らしていた。たびたび相手の家を訪ねていたら、彼女のお母さんが「どうせ家も近いんだから、なんなら一緒に住めばいいじゃない」と言うので、そこへ同居することになってしまった。お母さんもけっこう良い人だったし、オレの部屋には風呂がなかったものだから、つい甘えてしまってね。それでも、アパートは形だけ借りていた。

彼女の家に同居した根岸時代

仕事が終わると、ほとんど彼女の家に帰っていた。部屋が狭かったので、羽田空港関係の勤めだった兄貴が泊まりでいない日は、テーブルを挟んでお母さんと彼女、そしてオレが一緒に寝るという不思議な生活だった。そんな日々が一、二年は続いただろうか。

ある日、付き人連中と一緒にディスコに行ったら、深夜になってしまった。知り合った女の子たちが「この時間じゃ電車もないし……」と言うので、「じゃあ、オレの部屋に行ってみんなで寝ようか」という話でまとまって直行した。そこで女の子三人とザコ寝した。そのとき、付き人の一人が「もしかして、おっかさんが来たりしてね」と、冗談まじりにポロっとひと言口走ったのを今でもよ〜く覚えている。

彼女のお母さんは、ビル掃除のパートをしていたから朝が早い。オレが仕事で向こうの家に行けない時は、心配してときどき朝方覗きに来てくれていた。それを知っていたから「もし見つかったらヤバイなぁ〜」と思っていたら、やはりというか、朝方、玄関のドアがス〜ッと開く気配。そこに散乱している女物の靴、三足。そして、ドアは元のように。当然「バレタ」と直感した。「もしかして、あっちの家に置いてあるオレの荷物もまとめてあったりしてね」と冗談めかして言っていたら、案の定荷物はキチンとまとめられていた。「なんにもないですよ……」と、いくら言い訳してもダメだったね。

根岸を引き払ったのは、それから間もなくだ。その後、小滝橋に移り、次に笹塚に移り住んだ。その笹塚時代に女の恐さをいやというほど思い知らされることになる。

二人の女に手を出し、刃傷沙汰寸前の笹塚時代

笹塚で三度目の同棲を始める。詳しく思い出せないけれど、たしかどこかの店で知り合って、それから少し付き合って一緒に住むようになったのだろう、オレが『全員集合』をやっていた時だから。相手は二十五、六歳だったと思う。「結

婚しよう」という話にはなっていたんだけれど、三年近く踏ん切りがつかないまま同棲を続けていた。当然、付き合いもダレてきていたな。

半分惰性で一緒に住んでいるうちに、もう一人、別の彼女ができてしまった。これまた、どこで知り合ったか記憶にないから困ったものだ。歳はたしか二十二、三歳だったと思う。笹塚の彼女より若かったはず。新しい彼女の家は、世田谷の若林にあった。ちょっと大きな一軒家で、彼女自身の部屋もある、いわゆるアッパーミドルの家庭だったね。例のごとく、家族ぐるみで付き合う仲になっていたから、『全員集合』の仕事が終わるとすぐさまその家に直行していた。若林の彼女には、「今、笹塚で一緒にいる彼女とは、そろそろ終わりにしようと思っているんだよ」と、事情は話してあった。

そしてある晩、仕事が終わっていつも通り彼女の家に行き、彼女の部屋でエッチをしたら仕事の疲労に酒の酔い、それに加えてエッチの疲れも重なってついつい眠ってしまった。何時間かして「あ、いっけねぇ」と目を覚まし、慌ててタクシーを飛ばして笹塚に帰宅。酔いも覚めぬままに蒲団に入って、今度は笹塚の彼女といちゃついていたら、フッと若林の女の名前を呼んでしまったんだね。この手の話はよく聞くけれど、実際に自分がヘマをしでかすとは夢にも思わなかったな、ホント。「誰よ、それ」と喧嘩になったんだけど、「うるせ〜」と追及をかわし、その場はあいまいな決着で終わったかに見えた……。が、これは嵐の前の静けさだった。その後、若林の彼女が笹塚に乗り込んできてしまったのだ。「別れるって言ってたのに、いったいどうなってんのよ!」と、包丁片手に凄い剣幕で。包丁を持って追いまわされたこの事件には、正直まいってしまった。

そして、これに追い討ちをかけたのが笹塚の彼女の反撃だった。このことは『志村流』にも書いたように、「三年以上同棲していた場合、内縁関係とみなされる」という理由で、これまで稼いだ財産の半分をゴッソリ持っていかれてしまったのだ。これは、まさに泣きっ面に蜂だった。通帳もハンコも全部預けていたのが失敗の元。今度の火傷は、最初の火傷とは比べものにならない程の重症となってしまった。

三鷹住まいの現在、すっかり良いオジサンに

両方の彼女とキッパリ別れて笹塚を引き払ったのは、それから間もなくしてからのことだ。その後、麻布十番に移り、現在の三鷹に至っている。引越しは好きじゃないけれど、こんなことがあるとなぜか嫌になってしまうんだね、そのあたりのすべてと、そのあたりにいること自体が。

この恋愛沙汰を境に、めっきりおとなしくなったオレは、今では昔の彼女の人生相談にも乗ってあげる人の良いオジサンぶりを発揮している。人間、多少の恋愛による火傷は肥やしになるかもしれないけれど、やっぱり大火傷は命取りだから、初期消火の方法はちゃんと知っておかないとマズいだろう。まあ、オレぐらい現場の経験を積んだベテラン消防士がひとつアドバイスをするとしたら、「火のない所に、煙は発たない」。この手の恋愛による火事の火種は、もとはぜ〜んぶスケベ心からはじまっているんだねぇ、悲しいかな。

恋愛双六は変えられない

彼女ができると、とにかく一緒に住み始めてしまうというのがオレの癖であり、流儀だ。周りに「すぐ挨拶に行くのは、やめとけ」と言われるけれど、付き合い始めると相手の両親に会いに行くのも、なぜか決まった行動パターン。「お付き合いしてますよ」と、ひとこと言わなければ気が済まない。黙っていると隠しているようで気が重くなるし、気持ちよく付き合いたいというのがオレの基本だから。いざ結婚するという実行段階になってから、初めて「娘さんをください」などと言いに行くのは恥ずかしいという思いが強い。それに付き合う時は「結婚しよう」という気持ちでいるから、別れることになった場合でも、後ろめたい気にはならない。「結果、そうなってしまったんだから」ということだ。

両親に挨拶に行く前に、彼女が「あたし、志村けんとお付き合いしているの」

と言っていたかどうかは知らないが、なんらかのインフォメーションは与えていたのだろう。ただ「彼氏を紹介したいから」という内容のコメントしかなくて、突然オレが現れたりしたら二度驚くに違いない。「まさか、タレントさんが」と驚いて、その後「うちのお父さんと歳が変わんないじゃない」と二度ビックリするわけだ。

女性の趣味は若い方だから、年齢的には絶対二十歳以上違う。おまけに長女だったりすると、お父さんがオレより歳下だったりしてね。娘よりお母さんに歳が近いことも多い。理想は五人兄弟の末っ子で、各兄弟の年齢が離れていて、両親が当然オレより年長であるケースだけれど、オレ好みの若い末っ子がいるこんな大家族は今やありえないな。

付き合ったなかに山梨の子がいた。挨拶に行くと両親の方がかえって恐縮してしまい、二人ともきちんと正座して待っておられたのには驚いた。鯛や平目の舞い踊りはなかったが、いたく歓待されたのを覚えている。そこの家には、なぜか別れる際も挨拶に行った。「お付き合いしていたんですけれど、上手くいかなくて」と謝ると、「うちのはバカだからな、……」と、逆に同情されてしまった。

この場合に限らず、挨拶に行くと両親共にオレのファンで、一緒にお酒を飲むと盛り上がって喜んでくれるケースも多かったなぁ。

女と別れる際は、できるだけ穏便に

夢中になっている期間は、だいたい一年ぐらいだろうか。蜜月期間を過ぎると、少しばかりうっとおしくなってくる。オレは家に仕事を持ち込むほうだから、「ネタを考えなきゃならないんだよ」と言い訳しつつ、距離を置くようにする。そして、「なんか違うな、そろそろ潮時かなぁ」という気分がお迎えに来る頃には、次の彼女の目星がつき始めている。

別れる際は揉めたくないから「できるだけ穏便に」を心掛けている。とにかく相手の言うことには逆らわない。暗いバーの片隅での別れ話の際は、「ああ、わかった、わかった」が決まり文句になっている。女の気持ちを考えると、そういうしかないからだ。

「いろいろと面倒みてくれなきゃ困る」とたたみかけられれば、「引越し費用や、新しい部屋の敷金などもかかるだろうし、なぁ」と思うから、またまた「ああ、わかった、わかった」と頷く。すべてお金で解決するとは思っていないが、一度は好きになった相手だから、誠意をお金という形で示したいからだ。

「じゃあ」と人差し指を一本突きたてられ、「ああ、わかった、わかった」と自分勝手に善意で解釈し、フタを開けてみれば百万円だと思っていた手切れ金が一桁違って千の位を示していたこともあった。「女はしたたかだよな」とわかっていても、そのときばかりは彼女だった女の姿が急に遠のいて見えたね。

付き合い始めから別れまで、双六のごとく「ふりだし」と「あがり」は変わらない。人は誰でもこういった自分独自のパターンを持っているはずだし、このパターンこそが自己のスタイルなんだね。変えようと思っても、知らず知らずいつもの方向に流されてしまっている自分がいる。これも運命かな。この繰りかえしで今まできたし、結果として独身生活を貫いている。オレはそこのところ不器用だけれど、それでいいと思っているしね。ダメなところも味のうちだね。

夜遊びは、いつか仕事に返ってくる

一時期相当のめり込んだ夜遊びに夜のクラブ活動がある。最盛期には一晩に三、四軒はしごして、なおかつ店がハネた後にオネーチャンを誘って食事に行ったものだけど、正直、この歳になると体力がそこまで持たない。

ドリフに入ってしばらくした頃、今の事務所の社長に銀座に連れて行ってもらったのが最初のクラブ体験。「なんで、こんなに綺麗な人ばっかりいるんだ」と、マジに驚いた。店は、超一流の高級クラブとして名を馳せていた「グレ」だった。それからほどなくして、「さすがに銀座には行けないけれど、六本木ならなんとかなるだろう」という気持ちで足を踏み入れたのが、「シガー」というクラブ、初めて自腹で行った店だ。クレジットカードは持っていなかったから、現金持参。たしか五十万円くらい持っていったと思う。

それ以来、夜の六本木でのクラブ活動にのめり込んだ。一軒では物足りず、二軒では満足せず、三軒では飽き足らず、という具合にますますエスカレートしていったね。こうなってくると現金での支払いは面倒なので、クレジットカードに切り替えた。本当のところは、一回で何十万円ものキャッシュが財布から出て行く姿を見ると、「この店だけにしておいて、次の店に行くのはやめようかなぁ」と、気持ちが落ち込むから、現金を見ずに済むカードにしたのだ。「なら、やめておけばいいだろう」という気持ちもなくはなかったが、それより行きたい気持ちのほうが勝っていたんだな、あの頃は。そのうちカードを使うのも止めて、請求書にしてもらった。

チャッチャと軽くサインをして帰るわけだから、実際に大枚をはたいたという実感がない。それに加えて、月末にくる請求書の合計が一体いくらになっているのかも知らない無頓着さだった。どれほどの金額を浪費していたか定かではないし、今も知らない。その総額を知ってしまったら「えっ!!」という数字になるのは目に見えているので、聞かないほうが身のためだし、知りたくもないね。

『ごきげんテレビ』をやっていた頃なんてクラブを三、四軒はしごして、その後ディスコを二軒ほどまわると明け方の四時、五時になっていた。家にも帰らず、そのまま楽屋に行って寝ていたくらいのハチャメチャぶりだった。仕事も詰まっていて、遊びも目一杯詰め込んでいた時期がかなり続いただろうか。さすがに今ではオレのやんちゃぶりも影を潜め、オネーチャンと一緒に飲みたければ、「居酒屋や焼肉屋さんみたいなところで一緒に飲まない?」と女の子を誘って、オレの仲間と共に四、五人で飲むことが多くなったし、そのほうが逆に自然で気を遣わないね。

夜遊びから、ネタが生まれることもある

なんでそこまで、夜のクラブ活動に熱中していたかというと、オレの場合には遊びから仕事に返ってくるものが、かなりあるからだ。店がハネた後に、クラブのオネーチャンを誘って行ったカラオケでのこと。仲間内で〆の遊び(全員が千円ずつ出し合って、最後に勝った人間が総取りするじゃんけんゲーム)をやっていた時に、結構大人数だったので、タイミング合わせのために「最初はグー」とオレが言ったんだよ。そのときに評判がよかったので、これを『全員集合』でや

ってみたんだ。そうしたら大ウケで全国的に流行してしまった。ナント、今ではじゃんけんゲームのスタンダードになっている。

芸者さんがヒントになったこともある。これも『全員集合』時代の話。事務所の社長に神楽坂の料亭に連れて行ってもらって芸者遊びをした。呼んだ芸者のなかに若い受け口の芸者さんがいて、動作が妙におかしかったので記憶に残った。それが「アイーン」のモデルになったとうワケ。夜遊びが仕事に返ってくるのは、オレの場合、仕事も遊びも一緒になっているからで、一般のサラリーマンにはあてはまらないかもしれないね。

夜のクラブ活動では、接待のサラリーマンを見かけることも多い。オレと同じくらいの年配のいろいろな職業のオジサンがクラブにはまる理由は、オレも含めて共通している点がひとつあると思う。それは、会社の部下は別にして、若い女の子と触れ合いチャンスがほとんどないことだ。クラブのホステスといっても、女子大生のバイトの子もいれば、ＯＬのバイトの子もいる。本職の子も最近では素人感覚の子が多い。彼女たちと話をすると生の若い声が聞けて、オレの場合には仕事のヒントになったりすることもあるんだ。マスコミ業界にいても、実際のところは素人の女の子と知り合いになるチャンスは少ない。これはどんな業界にいても同じだろう。

歳のせいもあって、夜のクラブ活動の頻度も落ちているけれど、まったく足を向けなくなったわけではない。若さに触れ、美貌にときめき、情報感度を磨く、それがクラブ活動の醍醐味だろう。女の子によっては、あまりのコストパフォーマンスの悪さに失望することもあるが、それもご愛嬌だと思って諦めている。

楽しみは後に取っておかないこと

ドリフターズのなかで一番の酒飲みといえば、やはりオレだろう。いかりやさんはすぐに寝てしまうし、高木さんはそんなに飲むほうじゃないし、仲本さんはもともと飲まないし、加藤さんも飲む時はガーっと飲むけれど、毎日は飲まないから、結局毎日欠かさず飲んでいるのはオレしかいない。

そんな酒好きのオレも、酒を旨く飲みたいがために、ウコンやローヤルゼリー、シジミの味噌汁などありとあらゆる体に良いと言われているものを試しているが、依然として肝臓のガンマGOT、GTPの数値は普通のお医者さんなら「即刻、酒は止めるように」と言うほどの値だ。しかし、かかりつけのお医者さんはオレの職業を知っていて、「止めたら、ストレスがたまるでしょう。ほどほどに」と言ってくれるので、妙に安全マークを貰ったみたいな気分になって安心して飲んでいる。

ここのところ酒のお供としてハマっているのが、馬のレバー刺し。麻布十番の「五臓六腑」という福岡が本店の焼肉屋さん、そこのメニューの一品だ。かなりの絶品で手に入りずらいこともあって、店に入荷すればすぐさま注文するほど気に入っていたんだけれど、NHKの番組を見ていたら「肝臓の悪い人は、鉄分、とくにレバーやシジミなどは取らないように」と言っていたのを聞いてビックリ。これまで良かれと思ってやっていたことが、まったく逆効果だったとは……。肝臓の悪くない人には強化する意味でいいんだけれど、悪い人はかえって悪くする要因と言われてもなぁ～。こればかりは食ってしまったからなぁ。

そうやって考えてみると、体に悪い酒を飲むために薬や栄養補助食品などを飲んだり、体のために良かれと思って食べていた食事が、かえって体を悪くしていたりするという「あちら立てれば、こちら立たず」だ。それとまったく同じで、人生は理屈どおりにはいかない。

人生は不公平

若い頃は、酒なんかなんでもよかった。ただ酔うためだけに飲んでいた。昔売っていたアブサンなんて頭がいかれちゃう酒もいっぱい飲んだ。とにかく、酔えればよかったので、酒の味自体がわかるはずもない。にもかかわらず、量だけはよく飲んだ。今では酒の味もわかるし、味わいつつ飲めるようにもなった。そうしたら、今度は量が飲めなくなってきた。肉だってそうだ。とにかく飢えていたから「肉食いてぇ～」といつも思っていたが、金もできて思う存分食べられるようになってみると、「上カルビなんて脂っこくて食えない」、そんな体になっていた。

いろいろな人たちを遊びの場で見てきた。そして思うのは、人生は不公平だってことだ。多少の浮き沈みはあるものの、若い時からずっと恵まれている人もいる。一時的に上昇して急降下する人もいる。人生の後半にピークを迎える人もいる。もちろん、ずっと恵まれない人もいる。人生というゲームの勝ち負けに一定の法則がないことは、このことでも明らかだろう。ただし、ひとつ言えることがある。それは、ずっと恵まれているように見える人は、全員必ず努力していることだ。スタート時点が恵まれているのは、家や親の力だったりしても、それを維持するのは自分だからね。

普通の人の場合、体の能力と金銭的余裕のピークは必ずしも一致しない。金もそこそこできて、「さあ」というとき、脂っこいオネーチャンを見ても「体の調子が……」となってしまう悲しさは、どう説明したらいいのかな。これとは逆に、体力に衰えを実感する前の三十代前半までは、金銭的余裕がなく時間的余裕もない年代だ。余裕がないから、体力だけが空回りしてしまうしかない。

歳をとっていくら地位や名誉や財力があったところで、足腰が立たなければ楽しみが薄まってしまうのは目に見えているから、楽しみは後に取っておこうなどと思わないほうがいい。昔、クリスマスに貰ったチョコレートを隠しておいて、後で一人だけでこっそり味わおうとしたら、表面が白くなって結局捨ててしまったことがあったけれど、これと同じだね。楽しめる瞬間を見逃すと二度と帰ってこないからね、その一瞬は。

若さは金で買えないし、何もないのが若さなのだからやってみることだ。少しばかり金銭的に余裕ができたなら、とにかく飛び込み台の板から足を離したほうがいい。体力があればもう一回くらいなら飛び込めるからね。脂っこい上カルビだって、食べられるだけ食べて具合が悪くなったと後悔するのと、食べるのを先延ばしして食べられない体になってから後悔するのでは、やって後悔した方がいいというのがオレの考え方かな。

遊びの後味に人間性が出る

「遊び方が綺麗、汚い」という話を前の方でした。何をもって「綺麗、汚い」と線引きするか、一定の基準などあるはずもない。しかし、遊んだ後の「後味」が良いか、悪いかは一つの大きな判断材料にはなるね。日本酒でいえば「最初は芳醇でまろやか、喉越しスッキリで後味が切れている」のと同じ感覚で、楽しんだ宴の後、支払いの際に自分はもちろんのこと、お店側も気分よく「ありがとね」という気持ちになれるかどうかが大事なポイント。「周りのお客さんに不快感を与えない」ということは、基本中の基本ともいえるのではないだろうか。

自分たちがたくさん注文して飲み食いしたあと会計になって、大声で「こんなに飲んでるはずがない」とか、「居酒屋で、こんな値段になるわけないだろう!」と文句をつけている客がいたりする、実際には飲み食いしているにもかかわらずだ。そうやってゴネたりイチャモンつけても、せいぜい少し値引きさせられるだけだ。金額の問題より気分が悪くなって酔いもいっぺんに吹っ飛んでしまうから、オレはそういうことは絶対しない。

まず、揉め事は避けたいし、揉める事自体イヤだ。何のために飲んでいたのかわからなくなってしまうし、周りの迷惑を考えるといけないね、こんな幕引きは。

「剣菱」とホッピー党だった若い頃

酒は謙虚に飲みたいと、オレは常々思っている。お金がなければ飲まないのは基本だけど、お金がなかった若い頃、どうしても飲みたくなると少しばかり持っているお金を持って、当時住んでいた若松町の居酒屋に足を運んだ。最初は持っている所持金の額を頭に入れて、お酒を注文するごとにガチャーンと頭の中のレジスターからその分が引かれてゆくのだが、口の滑りが多少良くなるにつれて、レジスターなどおかまいなしに杯のほうも進んでしまうから困ったもの。つい飲みすぎてお金が足らなくなってしまって、「悪いねぇ～、申し訳ないけどツケといて」とバツの悪い顔をして帰ることになる。後にも先にもツケで飲んだのはこの店だけだ。

「金がない、金がない」と言いつつも、酒好きはなぜか毎日飲んでるもので、オレも御多分に漏れず毎日飲んでいた。とにかく「安くて早く酔える」ことが絶対条件だったから、キツめの酒が中心で、最近は飲まない日本酒をよく飲んでいたね。なかでも「剣菱」がお気に入りで「剣菱」の看板を見つけると即その店に入っていた。頼むのは今はなき「二級酒」のみ。「剣菱」以外はホッピーだったね。

当時、どうしてあまり焼酎を飲まなかったかというと、昔の焼酎は今と違って危ない飲み物で、特にオレみたいな金のない奴らが飲むのは安い焼酎だから、合成酒といわれるものか、もしくは不純物いっぱいの焼酎で、悪酔いの度合いが想像を越えるくらいひどいものだったのだ。ここ最近は本格焼酎といって芋、米、麦や黒糖などを主体にした質の高いものが多くなってきたせいか、かつてのように頭が痛くなることがなくなった。日本酒も同じで、日本酒特有のドロ〜ンとした重い二日酔いになることも少なくなった。そして以前は蔵元だけでしか飲めなかったような少量の薫り高いものも、そこらの居酒屋にも置いてあるような時代になった。醸造や蒸留技術も進歩したものだ。

そのうち昔が懐かしくなって、「悪酔いできるお酒、置いてます」といった看板を掲げた店が現れるかもしれないな。それがけっこう受けたりしてね。人って今まで気にもしていなかったものがなくなって貴重になると、途端に有難がったり、懐かしがったりするから、クジラの肉と同じで。

話は戻るけれど、どんな遊びでも遊んだ後の「後味」は大切だ。特にお酒が入った状態ではその人の人間性がモロに出てしまう。飲み代に汚い、からみ癖、説教癖、ゲロ吐き、酔い潰れ、ホラ吹き、デカい態度、脱ぎ癖などなど十人十色で普段素面の時には見たことがないような姿に変身していることが多々あるよね。酔っていようが、いまいが、オレは言ったことは守るし、「あれは酒の席だから」というひと言だけは、言っちゃいけないタブーだと心がけている。オレの飲み方は、相手次第のところがある。陽気にさわぐタイプの相手の時にはある程度ハメをはずす。静かに飲むのを好む相手の場合にはそうする。場の空気、周りの雰囲気をこわさずに飲むのが一番なんだよ。

酒遍歴の果てに、焼酎に落ち着いた

酒といえば、高校生の頃に飲んでいた「サントリーレッド」を皮切りに、今に至るまでありとあらゆるものを飲んだ。スコッチ・ウイスキー、バーボン・ウイスキー、日本酒、ビール、ワイン、などなど。酒という酒はほとんど制覇したと言ってもいい。そして、最後には焼酎に落ち着いた、それも芋焼酎一本槍。その理由は二日酔いしないからだ。仮に二日酔いしたとしても、二日酔い自体があまりひどくないから、翌日の辛さが軽くて済むのがいいね。焼酎を飲み始めたのは「焼酎ブーム」になる前からで、麻布十番に住んでいた頃だ。かれこれ二十年以上になるだろうか。

当時はミュージシャンの柳ジョージさんと、下町のナポレオンといわれた「いいちこ」を飲んでいた。それから麦焼酎の「吉四六」に変わったんだけれど、さんざん麻布十番で焼酎を飲んで、それからクラブに行ってまたバーボンを飲む、といった展開の毎日だったね。バーボンは「ジャック・ダニエル」に始まって、「ワイルドターキー」から「ブラントン」へと遍歴する。あの時代、「ジャック・ダニエル」は憧れの酒だった。

今でこそ一ドルは百円から百十円前後だけれど、当時は二百八十円くらいじゃなかったかな。輸入酒や輸入タバコが貴重品だった時代で、仕事や旅行で海外に行った人たちの御土産といえば、酒とタバコが定番だった。あの頃、高級酒の代表選手が、ブランデーの「ナポレオン」。海外の免税品店で田舎の団体旅行者が口々に、「ナポレオン、ナポレオン、ナポレオンだべ」と外国人の店員に連呼していたことが懐かしい。だから「いいちこ」だって、下町のナポレオンというキャッチフレーズが付いたわけだ。

憧れだった「ジャック・ダニエル」

値段だけならブランデーの「ナポレオン」のほうが高かったけれど、その頃は「ジャック・ダニエル」自体があまり輸入されていなかったから、値段が張るのと同時に希少性があった。当時、たしか市価で一万円くらいしていたと思う。しかし、その「ジャック・ダニエル」に行き着くまでは、「アーリータイムス」から「IWハーパー」に昇格し、そして緑のラベルの「ジャック・ダニエル」になり、最終的に黒ラベルの「ジャック・ダニエル」に到達するといった長い道のりだったなぁ。

今の人は「な〜んだ、あんな酒が?」と思うかもしれないが、当時の人間にしてみればまさに高嶺の花の一本だったたし、それを自分の稼ぎで飲めるようになった時は嬉しかったな、ホント。皮肉なもので、気楽に飲めるような身分になると巷にワーっと大量に出回ってしまって、今度は飲んでいてもちっとも嬉しくないような存在になってしまった。そこらの学生でも普通に飲んでいる酒だしね。オレたちの時代は、「いずれはあの酒を飲んでやる」と仕事のはげみにして頑張ったものだけど、今の若者にはないんだろうな、そんな気持ちは。

サントリーのウイスキーだって、最初に口にした「レッド」から「ホワイト」になり、それから「角」になって、「いつかはオールドを飲んでやろう」という意気込みがあった。そういった意味で、高い酒はハングリー精神の象徴的な存在だったような気がする。

基本的にオレ自身は、値段が高ければ良いといった考えは持ち合わせていないが、誰もが銘柄酒を手ごろな値段で飲めるような時代だから、あえて手に入りにくい酒を飲むことにしている。焼酎で言えば「森伊蔵」といったたぐいのもの。「森伊蔵」なんて実際の一升ビンの値段は二千五、六百円しかしないのに、店によっては二万数千円もするプレミア価格になっている。これはオレにとって一種のご褒美でもあるね。付き人時代から「いつかオレもあの酒を飲むぞ！」と意気込んで頑張り続けたにもかかわらず、目指した憧れの酒が普及品になるご時世だから、その上のランクを狙うのはごく自然のこと。

だからといって市価で二、三万円の酒を、クラブで何十万円も出して飲む気にはなれないし、飲む気もない。人気が高く、生産が追いつかず品薄になって、結果、価格が高騰しているのは納得できるけれど、ワケがわからない価格付けで何十倍もの値段になっているクラブやホストクラブの酒ほど合点がいかないものはない。「ロマネコンティ」を百万円出してクラブで飲む人もいるみたいだが、正気の沙汰とは思えないしね。

以前、竜ちゃんと二人で行ったクラブ、焼酎のボトルを入れていたけれど女の子がテキーラを飲みたいといったので、「ショットで飲むより、ボトルで取ったほうが安いぞ」といってオーダーした。そしたらお勘定の値段が三十二万円。「おい、バカ野郎！　焼酎とテキーラで三十二万円はないだろう、なんだこれは。二度と来ねぇぞ！」って怒ったね。すると「すいませ〜ん」と言って、値段が下がったのにはあきれた。

オレはキチンと価値があるものには惜しまず払うけれど、どう見たってこの値付けには納得できる合理性が一つもない。見栄を張りたがる奴なら「あ、そう」と払うだろうが、生まれてこのかたオレは見栄で酒を飲んだことはない。酒は味と価格と、それに希少性に納得して飲むものだし、本当の酒飲みはどんな酒だって、それしかなければ飲むんだよ。それ以外の酒の味は「誰と飲むか」、これで決まると言ってもいいし、そこが大事だね。

鮨と天麩羅は、職人の技に金を払うもの

二十代の金のない頃、高嶺の花ともいうべき聖域がクラブと鮨屋、それに天麩羅屋だった。いつか自分の稼ぎで、思う存分飲み食いしたい、と心の奥底で誓った記憶がある。下積み芸人にとって「飲み食い」は浪費の最右翼であり、「飲み食い」に気を遣わなくて済むことは、売れることを意味した。今では河豚やスッポンなどの贅沢な料理も懐を気にせず食べられるような身分になったけれど、当時はそんな料理なんて想像もできなかったね。

とにかく品書だけが記されていて、値段の欄に金額が書かれていない、あるいは時価と書いてある料理は、ある意味で雲の上の存在だったし、そんな料理の代表が鮨と天麩羅だった。オレにとって、まず当面の目標が焼肉屋のカルビとユッケ（お店では必ず値段が書いてある）だったことからも、当時の状況はおよそ察

しがつくと思うけれど……。

日本を代表するこの二つの伝統料理は、あまりにも身近でありながら、その反面、家庭では絶対に作り得ない味と、職人の技を目の前で堪能できる、なんとも粋で風情がある料理という思いが強かったね。

三十を少しばかり過ぎた頃になると、それまでよりは多少財布も重くなってきたので、値段の書いてない店にも時々顔を出せるようになった。そうすると皮肉なことに、なぜか世の中のほうが変わりだし、職人気質が窺い知れるような小粋な鮨屋、天麩羅屋が少なくなってしまっていた。困ったものだ。

寿司と鮨の違い

ここでひと言付け加えておきたいのは、「すし」といっても「すし」「寿司」「鮨」と書き方がそれぞれ違うように、ここでオレが話題にしているのは「鮨屋」のこと。暖簾に「すし」「寿司」と書いてあるようなお店と「鮨屋」は別物のものだと思った方がいい。だから回転寿司は「鮨」ではなくて「寿司」なのだ。入り口に「鮨」の文字を使っているお店は、こだわりを持っていると思う。

新鮮で安いから「並んでまで鮨を食べるか?」と聞かれれば、「絶対イヤだ」というのが答え。「面倒くさいことは一番嫌いだから」という理由もあるが、ぎゅうぎゅう詰めの店内に並んで入るというのは、本来「鮨屋」のあるべき姿ではないと思う。活気があるといったって職人の活気ではなく、ただ単に客席が混み合っていて騒がしいだけだろう。

オレの思い描く「鮨屋」は、適当な人数のお客さんがカウンターに座っていて、ほどよい会話のざわめきがあって、職人さんとの間に二、三言のやりとりが交わされた後、モノがす～っと差し出される、といった感じかな。活気が大事なのは職人さん側であって、それも物静かななかに秘められた「内なる活気」なんだよね。

「気配りの技」のお店は「ほどよい値段」

目の前でこちらのペースを見計らいながら、絶妙な間合いで料理を出していく、そこに職人の技量が見て取れる。カウンターに座っているお客さんの食べるペースがそれぞれ違っていても、それを瞬時に摑んで天麩羅屋なら「めごちになります」とか、「車海老でございます」というように、きちんとテンポを上手に刻んで出してくれるワケ。そこには心地よいリズムがある。これこそが職人技なんだよね。まさにオレたちのお笑いにも相通じる、間とテンポと気と同じものだ。少しでも、ずれたりハズしたりすれば気持ちが悪い。「揚げ方が巧い」とか「ころも作りが巧い」ということは言うに及ばず、ただ単に口に入ったり、目に見えたり、といった五感の部分を通り越した、気配りの技が卓越しているということだ。

鮨屋にしても天麩羅屋にしても、その「気配りの技」にお金を払っていると、オレは思っている。だからこそネタが大きいとか、安い、といった理由ではこの手の店には足を運ばないんだよね。満足とは、「腹がいっぱいになる」ことでも「値が張らない」ことでもなく、精神的に、気分的に満たされることだと思っている。だから逆にただ腹がいっぱいになっても、お勘定が安くとも、満足感はないね。「こんな駄メシで腹いっぱいにしちゃった」と思ったら、「もう一軒、どこか行こうか」というように不満だけが残る。オレくらいの歳になれば二十代の人と違って、そうそういっぱい食べれるもんじゃないから、余計に満足感が大切なんだ。きちんとした「気配りの技」があるお店に行けば、ネタも良くて値段だってわきまえた「適正の価格」が付いているもの。それはお互い（お店側とお客さん側）が納得する線を見切った、まさに「ほどよい値段」に落ち着いている。ネタや器が良いからといって、やたら法外な値付けをする有名店は、オレの趣味じゃないしね。

不景気のせいもあって、鮨屋にしても天婦羅屋にしても、「技」よりもネタや値段に注目が集まりがちだ。ネタだけを比べるのであれば、最近の回転寿司はヘタな鮨屋よりも良かったりするらしい。鮨屋も天婦羅屋もお勘定のほとんどが「気配りの技」代だということなんだけれど、そこに払えないという人たちが多くなってきたからこそ、値段の安い「実」ばかりの店が増えてしまったんだと思うと、ちょっと悲しい気がする。そういう意味からも「技＝粋＝遊び」という信条はいまも変わらない。

同じ懐具合なら、安い寿司屋に毎日行くより、少し値が張る小粋な鮨屋にたまに行くほうが、オレの性分に合っているかな。お鮨屋さんは、ちょっとばかり敷居が高い方が「憧れ感」があって好きだ。それにオレって飲むとあんまり量は食べないから、「ちょこっとずつ」がいいしね。

博打の金は、身につかない

もともと、それほどギャンブルが好きなわけではない。よく三度の飯より賭け事が好きという人もいるが、オレ自身は、少しばかりスリルを味わうくらいで丁度いいと思っている。随分と昔、オレが付き人時代の頃だったかな。小柳ルミ子さんのショウに付いて一緒に地方を回っていた時期、仕事が終わると仲間うちでトランプをするのが楽しみのひとつになっていた。ブラックジャックのトッピンだ。もう三十年近くも前のことで時効だろうから話すけれど、給料が当時手取りで四万五千円しかなかったのに、トータルで二十数万円も負けてしまった。それを分割払いで支払うハメになった一件から「あ〜、オレには博才がないな」と痛感し、賭け事に深入りすることはなくなった。

パチンコもそうだけど、最初から勝ちたいという意識はまったくない。だから台のデータや釘を見るといったことは一切しない。そこまでして勝ちたくないし、入れ込むほどに熱くなって負けた時の虚しさも大きくなるから、一歩下ったぐらいの本気で打つようにしている。これがまったく冷めた気分なら、最初からギャンブルなどする気にもならないだろうけど。

競馬も家にいて電話入力で馬券を買うぐらい。わざわざ売り場に並んで買うのは面倒くさいからだけど、五百円とか小額の馬券しか買わない時、後ろの人から「な〜んだ、セコい買い方してやがるな」って思われそうでイヤなんだよね。それにそんなふうに思われるかもしれないと考えた途端に「五千円」と、つい見栄を張りそうで。それならば家にいて少しずつ買っていたほうが気楽だし、誰にも気兼ねせずに楽しめるしね。

基本的には馬連で五百円か千円単位でしか賭けないかな。どんなに使っても一レースで二万円ぐらい、全レースをやったとしても二十万円くらいが限度。不思議と自分の性格に反して手堅い本命などは一切興味なしで、一発穴狙いだ。これまでの勝ち負けを通算してみれば、おそらく負けているだろうな、やはり。

競馬で勝って、競馬に消えた一千万円

以前、しばらく競馬から遠ざかっていて久しぶりに馬券を買う際に、知っている名前の騎手から適当に五千円を六点、三万円ほど買ってみた。するとその馬券が、大当たりして賭け金が一挙に三百万円になってしまったという、そんなことがあった。次の週にその賭のなかから二十万円をつぎ込んだら、なんと今度も大当たり。当たりに当たって半年経った時には、最初の三万円が一千万円にも膨れ上がっていたのだ。最近、聞くところによると三回ほどの倍々ゲームで、二億円ちかい当たり馬券を取った人が話題になったけれど、オレも自分の経験から「それはあり得る」という確信を持ったね。

それからというもの絶好調の運を背に毎週買い続けていたんだが、肝心の馬券を買いに行く時間もないし、今みたいにプッシュホン電話で買える時代でもなかったから、オレの付き人に頼んで行ってもらっていた。レース結果を見て、「今日も当たってるなぁ」と頬を緩ませながら付き人に「で、馬券は?」と手を出すと、「買い忘れました」と言う。「おっかしいなぁ〜、な、な、なんでこの一レー

スだけ買っていないんだよ、オマエ」と思いつつ、その場はそれで終わったんだけど、これと同じようなことがその後五、六回続くと、さすがのオレもブチ切れた。「オマエ、本当は買ってんだろう！」と問い詰めようと思っていた矢先、オレのカードから現金を引き出していたのがわかって、即クビにした。当然ながら当たり馬券もくすねられていたことは言うまでもない。

「警察に突き出しても損害は返ってこないですよ」と周りに言われ、「そ～だよなぁ……」と、過去を振り返って静かに考えてみると、なんのことはない賭けた一千万円を全部すってしまっていたことに気付いた。

悪銭身につかずとはいうけれど、ギャンブルで儲けた金は所詮身につかないものなのだろう。儲けた一千万円だって、結局は競馬で儲けて競馬に消えた。当たり馬券をくすねられていなければもう少し賭け続けていられたかもしれないが、それだって最後には全部すっていただろう、たぶん。付き人に当たり馬券をごまかされた時点で、すでにオレのツキは落ちていたのかもしれないな。ブラックジャックで大負けしたあのとき、「勝った時の金は人におごって残らないし、負けるとどっしりツケだけが残る」と痛いほど身に染みたから、所詮、大儲けはできないと思っている。なまじ博才なんかなくて本当によかった。若いうちに博才がないと気付くには、それなりの授業料を納めないと気付けないという、世の中自体がまるで賭博のような構造なのかもしれない。

馬主というロマンは高くつく

オレの趣味というか遊びというか、そのひとつが馬主だ。最初に断っておくと、さほど馬自体に興味はない。どういうわけだか成り行きで馬主になるハメに陥って、そのまま今に至っているという次第。

かれこれ七、八年前に、行きつけのスッポン屋さんに立ち寄った際のこと。そこに競走馬を牧場から直接取引している人がお客さんとして来ていた。あれこれと会話がはずむうちに、「どうです、牧場から出す際、最初のオーナーになってくれませんかね」と、話を振られた。そして、「球団オーナーがヨーロッパに行っても、上流社会ではまともに相手にされないんですが、競走馬の馬主はまったく別格の存在です、あちらでは」というおいしい話をされて、オレも「ほー、そんなにいいのかぁ」なんて、すっかり有頂天に。さらに、「あくまでも金儲けじゃありません、ロマンですから」なるトドメのひと言。「なるほど」と納得してしまい、本来、頼まれればイヤと言えない性格も手伝って、買うことになってしまった。自宅のペルシャ絨毯に代表される「断りきれず買った」高額商品も山ほどあるが、その中でも今回の馬は別格だった。値段はたしか千二百万円だったと思う。我ながら「どうにかしたい」性格だ、ホント。

馬主になるには、ただ馬を購入すればいいワケではない。半年あまりの厳しい審査を経た後、晴れて馬主となれる。車やマンションと違って生き物、それも競走馬だから、日々の維持費、つまりは世話代にもお金がけっこうかかる。トレーニング代が月に三十万円ほど。レースに出走するため厩舎に入ると、それが六十万円。なんだかんだと月に百万円単位の出費だ。一回出走すると三十万円の出走手当が出るが、これっぽっちではとても維持費はまかなえない。

千二百万円で買って、五十万円で売った最初の馬

最初の馬の名前は忘れてしまったけれど、中山と府中競馬場で走った。成績の方はダメ。それでも、一年ちょっと持っていたかな。その後、地方でセリにかけ

て売ったら千二百万円だった馬が、なんとたったの五十万円。「なんだ、そりゃ」と愕然としたね。「これまで、ずいぶんと金がかかったのにな」と、後悔したものだ。

「後悔したなら、馬主はヤメタのか?」と聞かれると、またまた懲りずに買ってしまった。なぜなら、馬を一年間以上所有していないと、馬主の権利を剝奪されてしまうし、一旦馬主をやめてしまうと再登録するのが非常に難しくなるからだ。馬を売ってすぐ、絶妙のタイミングでまたもや誘惑の「断りきれず買い」の話が舞い込んだ。今度は北海道の牧場の人が、「牧場経営がうまくいかないから、なんとか買ってもらえないだろうか」という、泣き落としにちかいもの。「ヘタすると潰れちゃう」と言うので、「あ〜、そう。じゃ」ってことで、二頭を背負い込んだ。「高いとダメだよ」と釘をさして、五百万円と七百万円の計千二百万円に。金額は最初の一頭目と同じだけど、今度は二頭に増えてしまったから維持費も二倍になってしまい、頭が痛かったね。

この馬も成績がよろしくなかった。通常、競走馬として失格という烙印を押された馬は殺されてしまう。「それではあまりに可哀想だ」ということで、オレのこの馬は、地方の遊園地に売られて行き、そこで立派に働いているみたいだ。それも「志村けんの馬」ということで、けっこう人気らしい。

頼まれて、断りきれず、今では三頭の馬主

現在所有しているのは三頭。最初から通算すると六、七頭になるかな。一番新しい馬の名前は「ハルカナミチ」というんだけど、この馬は中山競馬場で五着になった。五着入賞は賞金が八十万円ほど貰えるけれど、まだまだ維持費には足りない。前の馬の名前は、「アインスピード」といった。名前を付ける時は、必ず意味を聞かれる。「どういう意味ですか?」ってね。昔みたいに会社の名前を付けて、宣伝に利用することはできない決まりになっている。「アインスピード」の場合、最初に「アイン」だけにしたら却下されてしまったんだ。なぜなら「アイン」はドイツ語で一番の意味。一番だけじゃ意味をなさないというので、「アインスピード」、つまり「スピードが一番」ということでOKが出たという次第。

この先、どんどん馬を増やす予定はない。しいて言えば、オレの事務所の社長と共同で一頭持つ話があるぐらいかな。車も基本的に興味がないし、音楽だって

ミュージシャンがどうのこうの、という話は面倒くさくて好きじゃない。馬だって血統がどうだこうだ、というのには関心がないものなぁ。そう考えていくと、オレは道楽に対してあまりにも無頓着なのかもしれない。道楽をしないというのではなく、そこまで自分自身が貪欲にははまり込まないんだな。だって、はまり込むきっかけが「どうしても好きで好きで」というのではなく、「なんだか頼まれると断りきれないからなぁ～、オレは」という結果が、これだから。ほんとのところは、お人好しが道楽だったりして……。

第四章

遊びの習慣

ケジメの儀式で日常にメリハリをつける

ケジメの儀式で日常にメリハリをつける

お店の入口に、盛り塩を置いてあるのを見かけたことがあるだろうか？「お客さんを呼び込む」とか、「鬼門に置くことで、邪気を取り払う」と言われている、小さなお皿に山型に盛られた塩だ。これをやったからといって商売繁盛するのかと言えば、「そんなことはないだろう」とオレは思う。しかし効果の程はいざしらず、店を開店するにあたって「気構えのケジメ、儀式」として盛り塩をするというのはよくわかる。日々の生活のなかで、オレも同じようなことをしているからね。

家に帰ってから、必ず一杯の「おつかれさんの酒」を自分自身に対して作る。どんなに酔っ払っていても、必ず芋焼酎で〆の一杯は欠かせない。表で仕事仲間やプライベートの知り合いと飲んでいても、どうしても気を遣っている自分がいる。ホッと気を抜けるのは、家に辿り着いて腰を落ち着けた時だ。「あ～、今日もいろいろなことがあったなぁ」と自分に語りかけて、飲む飲まないは別として「ごくろうさん」の一杯を作らないと気が済まない。作ってもまったく口を付けず、朝起きたらそのまま置いてあることもよくあるけれど、この「自分に対するケジメ」だけは欠かしたことがないね。

「飲まないんだったら、作ってもしょうがないし、第一無駄だろう」と、そんな考えの人もいるだろう。しかし「ケジメの儀式」というのは、無駄とか効果的という言葉で量れるものではない。言い換えれば気分、気の持ち方を行動化したものじゃないだろうか。男女の仲だって、時が経てばだんだんとマンネリ化して、最初の頃の新鮮な気持ちを忘れがちだ。だから、結婚記念日に外食したり、プレゼントを贈ったりする必要が出てくる。

同じことが日常にもあてはまるだろう。一日の時間の中で、何かしら簡単な儀式を作ってみる。そのことで平凡な日常の中に緊張感が生まれ、少しばかり気持ちが引き締まる。自分にケジメをつけるとダラーっとした一日にメリハリもつけられるんじゃないかな。

古代中国の閨房の知恵に由来する盛り塩

最初の例、盛り塩だって本当の由来は、古代中国にある。当時の皇帝は側室をたくさん囲っていて、毎晩牛車に乗って側室廻りをしていたらしい。一説によればその数三千人とも一万人とも言われていた。側室たちは皇帝の寵愛を受けたいが、牛車が止まった場所の側室だけを訪れるらしいから方法がない。そんななか、一人の賢い側室が考えたのが盛り塩だ。草食動物の牛は絶えず塩分の補給が欠かせない。つまり、牛にとって塩は大好物なわけだ。玄関に塩を盛った皿を置いたら、見事に牛車が立ち止まって、なかなかその場から立ち去ろうとはしないので、皇帝はその側室の家に立ち寄らざるを得なかったし、それから毎晩牛車はその側室の家の前で立ち止まった、とさ。

風水では魔除けだとか、邪気払いといっているけれど、もともとの話はまったく違っているから儀式の言い伝えもあてにはならないな。結局、意味するところはどうでもいいし、迷信的な作法など気にすることもない。自分自身のケジメの儀式は自分だけわかればいいんだから、周りが何と言おうが、思おうが、放っておくのが一番。ただし、あんまり凝ったことや時間がかかることは止めておいた方がいいね、長続きしないから。

酒飲みだから、肝臓にいい朝食メニュー

朝はだいたい十時か十一時に起きて、朝食の用意をする。オレは独身だから家事と雑用は家政婦さんに頼んでいるんだけれど、家政婦さんが家に来るのが正午。だから朝ごはんは自分で作るしかない。

基本となるメニュー・アイテムは四つ。ご飯と味噌汁、それに納豆と焼き魚だ。時間的に余裕がある時は、利尻の昆布でダシを取って作ることもあるけれど、わが家の定番はシジミのダシの味噌汁だ。具がどんなに変わろうと、ダシはシジミで取ると決めている。だから、オレが仕事で忙しくてシジミのダシを作れない時は、家政婦さんに作ってもらって冷蔵庫に入れておいてもらう。しかも、シジミのダシを取る際は「十分以上煮込むこと」と厳しい注文をつけてあるから、ダシはオレ好みの濃厚仕立て。それもこれも酒で弱った肝臓のためなんだけどね。

焼き魚は季節によって変えている。そのときの旬のものを食べるんだけど、基本は鯵、それに鮭、鰯、そして秋口は秋刀魚といったところかな。秋刀魚の場合は前の日に三枚におろしておいて、風干しにしておく。それをただ焼いてもいいんだが、オリーブ・オイルで焼くとメチャクチャ旨いんだな、これが。夜遅く酔っ払って帰ってから魚をさばくこともあれば、仕事に行く前にさばくこともある。美味しい朝飯を食べるためには事前の準備は欠かせない、誰もやってくれないしね。

御新香は、以前はちゃんとヌカ床を作って漬けていたんだけれど、一週間ばかり留守にした際、家政婦さんにヌカ床の世話を頼んでおいたにもかかわらず、忘れられてすっかり腐ってしまっていた。そんなこともあって、それからは家では作っていない。だけど買ってくる御新香はマズイしなぁ〜。

話は変わって、ここのところ凝っているのが、黄ニラ。ごま油で炒めた後、醤油とごま油を足したものに浸しておくだけ。これがツマミに良し、ご飯に乗せても良し、の優れもの。こちらの黄ニラも、肝臓に良いという理由から積極的に食べているんだけれど、やはりオレの食生活の根本は、酒を飲むための肝臓強化が大前提というのは否定できないな。

もう一つご紹介しましょうか。シジミのダシ汁でご飯を炊く志村流釜飯。炊く際に焼いた鮭の身をほぐして乗せ、一緒に炊く。炊き上がったらシラスをパックの半分ほど入れて、さらに五分ほど蒸らすと、驚くほど美味しい釜飯の出来上がり。

手間隙かけず、手際よくが志村流調理術

料理の本を見て作るなんてことはしない。「時間をかけず、サッと簡単にできる」というのがオレの料理のモットーだ。あれこれソースを作ったり、手間隙かけて仕込みをするのは好きじゃない。そこまでするくらいなら、プロが作った本格的な料理を店に食べに行けばいい。シンプルで簡単で充分、家でしか食べられない料理なんだから。

同棲していた頃、仲が良い間は彼女と一緒に作っていたけれど、どちらかと言えばオレが作ったほうが早いし、作りながら後片付けも同時に終わらせてしまうから、結局はオレが料理していたことが多かったね。それに、彼女は作りながら

台所を汚すからイヤなんだよねぇ。作り終えたらサッサと洗って片付けてしまえばいいのに、「今じゃなくて、寝る前にやればいいんじゃない」などと言うし……な。朝起きて散らかっているのが一番嫌いなんだ、オレは。

もしオレが女だったら、こんなに女房向きのキチンとした性格の女はいないだろう。綺麗好きで、炊事上手で、でもって独りになりたがり屋で、そこのところが玉にキズかと思えば、意外とオレもそのタイプだから都合よかったりして。案外理想の相手はオレの女版かもしれないな、こりゃ。

住宅街を散歩する楽しみ

気分転換には散歩がいい。誰もいない川べりや公園を歩くのもいいけれど、ひと気のない住宅街をそぞろ歩くのも、またいいものだ。大きな家や小さな家、モダンな家に古い家、それぞれの歴史が見て取れて実に興味深い。家自体の形や色、大きさはもちろんだけれど、庭に植えてある木や花からも、そこの家の趣味を窺い知ることができる。

門柱や玄関に掲げられた表札の名前しかわからないにもかかわらず、一歩も足を踏み入れたことのない見知らぬ家族の情景が、ふと頭の中に浮かんでくる。「この家には老夫婦がいるんだろうなぁ」とか、「きっと四十代半ばくらいの夫婦に、子供が二人の典型的な家族構成かもしれないなぁ」と軽い想像を巡らせていると、歩く速さでゆったりと家並みが流れてゆく。

夕方近くなって薄暗い時間になると、どこからともなく夕食の匂いがふんわりと漂ってくる。見知らぬ他人の家の夕食を勝手に思い描きながら、そこから家庭のぬくもりを嗅ぎ取ったりして楽しむ散歩の時間は、ほのぼのとした気分転換のひと時だ。

一人だけの散歩の時は気ままに歩けばいいんだが、これが犬を連れた散歩だと様子がちょっと違う。いま大きいのが二匹いて、小さいのが二匹いるから計四匹。一人で全部連れて散歩するのは不可能。なにせゴールデン・レトリバーだから一匹でも大変だ。オネーチャンでもいる時は、二匹ずつバラバラで散歩に行くこともあるけれど。とにかくゴールデン・レトリバーを二匹連れているだけでも目立ってしまうのに、連れている本人が芸能人だから目立ってしょうがない。

犬を連れた散歩の利点もある。「あ、志村けんだ」と言われても、すぐに視線が犬に移り、「あ、カワイイ」となるところだ。コントを地で行くこともある。横断歩道でウンチをしてしまい、片付け終わるまでドライバーに待ってもらったんだ。今思い出してみても、格好悪かったね、あのときは。

有名になると散歩も楽じゃない

一度こんなことがあった。三鷹に引越してきたばかりの頃、まだ周辺の地理に疎く不用意にそこらを歩いていたら、知らぬ間に國學院久我山高校の前を通ってしまっていた。ちょうど午後三時頃だったかな。学校の終わりの時間と重なってしまって、オレの後ろを大勢の高校生がゾロゾロとついて来たから、家の場所を知られてはマズいと思い、何とか巻こうとドンドン細い道に入り込んで逃げ切った。逃げ切ったまではよかったが、グルグル廻っているうちにオレが迷子になってしまったのだ。本来方向オンチのオレで、おまけに引越したばかりの土地だから家の方角がまったくわからなくなって、家に辿り着くまで一時間以上かかった。ホントに参ったよ。

散歩の時間に「あ、志村だ！」と声をかけられるのは、正直なところあまり嬉しくない。犬のリードを引っ張って住宅街を右から左に早足で歩けば、まるで逃げているみたいで、それもみっともない。そんな理由で、散歩も楽じゃない。

誰もいない深夜に、犬たちと一緒にゆっくりと散歩できれば、オレ自身にとって最もリラックスできるのかもしれないが、その時間は飲んでいるしなぁ。犬だって迷惑だろう、深夜じゃ。それに、誰もいない深夜の公園は、人工的であまりにつまらない。やはりひと気や、人の温もりを感じつつ歩ける住宅街の散歩が、ほっとして、オレは好きだな。

娯楽で仕事の自宅映画鑑賞

休みの日と限らず、夜中に家に帰ってから独り映画を見ている時間が、オレにとっての至福のひと時だ。気分にまかせ、まだ見ていない作品をあれこれ選んでいる時は、理屈なしで愉しい。最近はＤＶＤしか買わないが、以前買い集めた映画のビデオは屋根裏部屋に入りきらないほど一杯になってしまっている。一階のラックに並べてあるＤＶＤとビデオを合わせると、いったいどのくらいの数になるのか見当もつかない。一度見たものを、よっぽどのことがない限り二度、三度は見ないから、特別に仕分けしてあるラックのビデオを除けば、ほとんど一回限りしか見ていないかもしれない。

「それなら映画館で観れば？」と思うかもしれないが、人ごみに混じって映画館に行く気にはなれない。疲れるし、「あれ、その衣装面白いなぁ」と思っても、まさか「止めてくださ〜い」と映画館で言うわけにもいかないだろう。オレの場合、映画を見ながら構成や背景、衣装にいたるまで、気を付けて見るクセが職業柄自然に身に付いてしまっている。だから、どうしてもサーっと流して見ることができないし、気になった箇所は巻き戻してチェックする。これだから、映画ソフトを買って家で見るしかない。

だいたい六本木ヒルズのTSUTAYAか、赤坂のWAVEで買うんだけれど、新作コーナーで見ていないものはまとめ買いをする。多い時は一回に十本くらい買うかな。こうやってまとめて買うのを「オヤジ買い」というらしい。オヤジの感覚はどこも同じなんだろう。多少金はあるものの、時間はないし、面倒くさいから、ろくに見もしないで一挙に買い漁る。これって若い奴には無理なんだよね。お金がないから一本をじっくり選ぶしかない。しかし、あまりほめられたもんじゃないな、これって。ただ、毎回こんな買い方をしているから、結果としてその年の新作映画の七〜八割は見ている計算になる。とにかく見ていない映画が自分の手元に常時二、三本はないと、なぜか不安なんだよね。「どれを見ようかなぁ〜」という選択肢がまったくない状態に我慢できないし、最初に言ったとおり、気分にまかせて「こっちか？　いや、こっちか？」と選ぶのも大きな愉しみのひとつだからだ。

この前見た『アレックス』という映画だったかな、タイトルは不確かだけど。結論から見せてゆく演出で、見終わった後に逆から見直してみると、通常映画の「起承転結」のストーリーになるという次第。それを見た時に、「面白いなぁ、これをコントでできないかな。オチだけ最初に見せておいて……」と思った。最初は何のことだかさっぱりわからないいんだけれど、見ていくうちに「あ〜、そうだったのかぁ」というような、そんな展開でコントができないかって真剣に考えていたら、気が付いてみると朝だった。

映画のビデオやＤＶＤは消費材

貯まりに貯まったビデオやＤＶＤ、それも一回しか見ないで放ったらかしにしているのはもったいないかもしれないが、映画を見るために消費することは、オレにとって知識とアイデアの供給に他ならない。一般の人にとっては、ビデオやＤＶＤは鑑賞用のコレクションだろうけれど、オレにとっては三度の食事と同じ消費材。初めて食べる美味しい食事のインパクトが、何度も食べているうちに色褪せてしまうように、遊びと仕事が常に表裏一体のオレにとっては、初めて見る瞬間の驚きと、それに触発される閃きが、とても大切なんだよね。だから一回見てしまったビデオやDVDというのは、蟬の抜け殻みたいなものかもしれない。

愉しみだけで見ていられる映画って、ある意味うらやましい限りだ。見ている時はリラックスして愉しんでいるつもりなんだけれど、ついつい知らぬ間に愉しみが仕事へと移行して、見終わる頃には職業の目になっているから、ただの観客には成り得ないところがこの職業の悲しい性であり、また楽しい性でもある。

自宅で彼女と映画鑑賞できない理由

彼女ができて、まだイチャイチャ仲が良い時期は、二人して映画を見ることもある。しかし、それも最初のうちだけだ。こちらの見ている最中に「ちょっとトイレに行くから止めておいて」などと言われると、ムカッときて、その一件から次第に距離が遠ざかっていくというのが、お決まりのパターン。なぜオレがムカついてしまうのかを理解してくれた女性は、恐らく一人もいなかっただろうな。

彼女にとっては単なる娯楽映画なんだが、オレにとっての映画というのは仕事のネタやアイデアの源泉。だから、「ちょっとトイレに行くから止めておいて」というセリフは、そこの根幹をまったく理解していないひと言なのだ。こっちが「ビデオ、止めておこうか?」と聞くのはいいんだけど、遊びで見ているだけの人間に指示されたくはない。「映画鑑賞も、お仕事なんですものねぇ」というようにわかってくれて、イニシアチブを取らない女がいい。まあ、どこからどこまで娯楽で見ていて、どこから仕事の視線に変わったかという、それを見抜く目と気遣いを持つことは難しいだろうな……。

便利な携帯メールの落とし穴

携帯電話の待ち受け画面を後藤真希ちゃんに、メール着信メッセージを松浦亜弥ちゃんの「けんちゃんメールが来たよ！」にしている。上島竜兵から「いい歳してやめてくれ」と批難されたけれど、これに換えたのは最近だもんな。頻繁に携帯電話のメールを使うから、いつも同じ声だと飽きてしまう。だから、ちょくちょく着メロは換えている。メールの使用頻度は、オレと同じ年頃の人たちよりズバ抜けて高いと思うよ。直接喋りづらい話や、顔を見て言うのがテレくさい時には、やはりメールは重宝する。

子供の頃に、「トランシーバーみたいに持ち運びできる電話があったらなぁ」と、考えたことがあったけれど、今やそれが現実になった。十年ちょっと前までは、やたらに大きかったのが、手のひらサイズになり、写真も撮れるし、動画すら撮影できる。いやはや技術の進歩は恐ろしいくらい速い。ただ、慣れない人、とくに高齢者にとっては、あんな細かいボタン操作と、文字変換は辛いだろう。十代の若者が操作している手元を見ていると驚くほど早く、携帯電話のボタン操作の世界選手権でもあれば、間違いなく日本の若者は上位に入るだろう。アジア人特有の器用さなんだね、やはり。

携帯世代は言葉知らず

ピッと押せばサッと相手に文章が届くから、本当に手紙の存在が危うく思えるね。海外だってインターネットのメールでOKなのだ。もちろん、手紙には手紙の良さがある。郵便局員の姿が待ちわびた手紙と重なった想い出、想いを込めて手書きで書いた手紙を投函するときめき。メールは間違って書いても消せば済む。思いを託して便箋に丁寧に書くなどという行為そのものが、もはやセレモニー、儀式に近いものになりつつある。

友達や彼氏、先輩などに対しても、わざわざ手紙をしたためる人が少なくなっているから、字を書く習慣もだんだんと薄れてしまって、ちゃんとした言い回しや言葉遣いも知らなければ、難しい漢字だってほとんど知らない若者ばかりだ。所詮、携帯電話のメールなんて、誰もが簡単な言葉遣いの文章で送っていること だろう、夏目漱石や志賀直哉みたいな文章を書いて送っている奴は、まずいないだろう。簡単で便利なので送る、それがすべて。オレもその一人だけれど時間のかかる手紙なら書かないだろう。

ところで、若いオネーチャンたちがくれるメールは簡単過ぎる。ほとんどが話し言葉そのままで、それに♡マークをはじめとする記号類がやたらと入っている。難しい漢字を変換したって、普段使い慣れていないからどれが正しい漢字なのかわからないいんだろう。年配の人たちはこういった便利な近代機器の扱いが苦手な代わりに、逆に教養というものが備わっている人が多いから、美しい文章を誤字脱字なく見事に書き上げられる。このことを考えた時、社会が便利になるのに越したことはないけれど、「便利さ」というのは、本来それを利用する人たちに知識や教養や実力があって初めて成立する、ということなんだとオレは思う。

他の例を挙げてみよう。若者がやっている定食屋さんに行って注文したとする。十秒、二十秒という驚異の速さで生姜焼き定食が登場しても、美味しくなければ意味がない。「え〜、なんでぇ〜、おいしいよ、マジで」と言われたって、「こんなもんに金払えるか！」という商品では話にならない。これとは逆に、お爺さんとお婆さんの老夫婦が営む定食屋は、同じ生姜焼き定食が二十分、三十分以上経ってからしか出てこない。お客さんに、「ここ、すごく美味しいんだけど、出てくるのが遅いんだよね」という不満があったとしても、旨いからついつい待ってでも食べたくなる、これと同じだ。

いくら早くても中味がなければ意味がない。中味があるモノが、より早くなるのが本当の近代化なわけだから、老夫婦の生姜焼き定食が十分で出てくるシステムのようなモノが本来は求められているんだろう。今の世の中、時間だけが短縮されて中味がないことが多いから問題だ。

だけどオレも偉そうなことは言えないな。少しはメールも控えて手紙にすれば、漢字だって覚えられる。自分の手で書かないとすぐに忘れちゃうんだよね、漢字って。こう思っていても、時間があるとついメールしてしまう。若者がメールにはまるのも無理ないね。

音楽とゆとりの座席で仕事の準備

オレの場合、仕事を一日何本もかけもちするということはしない。一日一本が原則。三鷹の家から仕事場へ移動する車の中の時間は、とても貴重な時間だ。仕事に入る前の心の準備と、仕事の細かい部分の割り振りや詰めを、頭の中でまるでパズルの組み合わせのように、あっちにやったり、こっちにしたり、ベストな形を模索している。

仕事前にあまり窮屈な車の中に押し込められると、まるで自宅の玄関から、いきなり局のスタジオへ連れて来られたみたいで、心構えもおぼつかないままに本番に入るようでどうもしっくりこない。だからこそ座席にゆとりの空間がある車は、オレにとって欠くことのできない必需品なんだよね。

現在乗っている車は、ベンツのワゴンと、リンカーンのリムジン。オレは運転免許がないので付き人が運転してくれるんだけど、なにせ運転手と後ろの席が近いのは圧迫感があって好きじゃないし、もともとオレは狭いところが嫌いだから、最初の車は大きめのキャンピング・カーにしたのだった。それと仕事に行く前の時間、独りになりたくて広い空間が欲しかった、というもうひとつの理由もあった。

その後に買ったのがリンカーンのハーフリムジン、それからベンツのリムジンにも乗ったな。このベンツのリムジンはエアコンの調子がいまいちで、やたらに暑いか、寒いかで、ちっともリラックスできなかった。「丁度良い温度にならないかなぁ〜」と、温度ばかりが気になって、まったくくつろげないし逆に神経が苛立つから、やめた。こういったエアコンものはやはりアメ車が良いという理由と、後部座席のスペースがゆったりしているということで、リンカーンのリムジンをアメリカに発注したんだけれど、その最大の理由は頑丈で丈夫、つまりは安全だってことだった。オレの性格上、カッコはいいけど「だいじょ〜ぶか〜、これ？」という車には、安心して乗れない。だから、多少ぶつかっても平気な車でないとくつろげないんだな、これが。

移動時間は音楽に身を浸す

車の中の装備はビデオとCDのセットだけど、ビデオはあってもほとんど見ない。移動中はだいたい音楽を聴いている。仕事に入る前、その束の間の時間、自分だけの世界に独り埋没できるこのとき、頭も体も完全に弛緩してユルユルになってしまえるから嬉しいね。時間が長くなければリラックスできないのかといえば、ナポレオンの睡眠時間ではないけれど、短時間に凝縮して深い部分まで解き放つことで、かえって長い時間休むより効果的だと思う。

そう考えると旅行などの長期休暇は、レストランのテーブルに所狭しと並べられた豪華な食事であり、移動の車中で休んでいるオレのくつろぎは、お茶漬け程度の食事に喩えられるかもしれない。そのお茶漬けに付け加えるささやかな贅沢、鮭のフレークが、まさに後部座席の隔絶された独りだけの空間と時間なんだ。基本的にオレは車には興味がない、なんだっていい。ただし妥協できないのが、安心して乗っていられる安全性と広めの空間、それだけなんだな、贅沢しているところって。

「仕事」もそうだし、「遊び」もそうだし、ちょっとした「余裕」や「ゆとり」、それに、「なごみ」や「くつろぎ」にしても、たくさんありすぎると有難味が薄れてしまってボヤけてしまう気がするのは、オレが貧乏性なのだろうか。どちらかといえば、ノミのチンポコみたいな些細なことにも喜びや楽しみを見つけ出す性格だから、車の中での「仕事前の心の準備」や「くつろぎのひと時」は、日々のなかではそれなりに充実している一瞬ではある。そういう考え方をすると、案外一日が長く充実した日になるに違いない。まるで小学生の時のように、いっぱいに詰まった一日が戻ってくるかもしれないね。

タバコは「持ちつ持たれつ」の気持ちで

「憩いのひと時」という言葉がある。仕事が終わった後、遊びが一段落した時、寝る前、ほっと一息つく瞬間はタバコが旨い。オレはべつにJT（日本たばこ産業）のコマーシャルをしているわけではないけれど、タバコはいついかなる時も手放せないでいる。日に三箱を吸うくらいだから、一般的にはヘビースモーカーといわれる部類だろう。

そんな愛煙家のオレがタバコを吸う時、どうしても気になること、許せないことがひとつだけある。それは吸殻が溜まった灰皿だ。

吸殻が二本か三本溜まった段階で、相手に気づかれないうちに新しい灰皿に変える。客商売ならずとも、愛煙家と同席する際に心掛けたいことだね。相手が意識する前に灰皿が変わっていることが、気配りなんだよね。周りを見て自分も楽しむ、それが遊びの基本だろう。自分だけ盛り上がるのは、遊びじゃないよね。これはビジネスにも通じることだ。相手のメリットを考えて動けば、自然と自分にもメリットとなって返ってくる。マナーというのは、遊びにもビジネスにも共通しているものなんだ。

マナー知らずは、仕事もできない

吸う方の立場からすれば「いつも綺麗な灰皿で気持ちよく吸いたいし、吸わしてくれよ」というのが基本線。ところが、吸わない立場の人からすれば「人の吸った煙なんか吸いたくない。自分の吐いた煙の始末もお願い」というのがホンネじゃないのかな。

ヘビースモーカーの喫煙家と、まったく吸わない嫌煙家の人たちが同じ部屋で、同じ空気を吸うには無理があるかもしれない。煙は部屋の中に立ち込め、お世辞にもクリーンとはいえない状態になるから、嫌煙家の人たちにとっては迷惑千万、逃げ出したくなる気持ちもわかる。「汚したのはあんたたちでしょ」という理屈だ。煙のないところに煙を放っているのだから、ある意味、喫煙家側から攻撃を仕掛けているともとれる。そこのところをどうやって巧く折り合いをつけてゆくか、それが大人の世界でありマナーだ。自分だけよけりゃいい、じゃなくて、相手の立場になって考えてみて行動してみたらどうだろう。

仮に、嫌煙家の人たちに混ざって吸っていたとしても「窓、少し開けときましたから」とか、煙の流れない風向きに座るという具合に多少の気遣いを見せることが大切だね。ほんの少し心配りをすれば相手だって「ま、しょうがないか」という気にもなる。逆に言えば、それこそが自分が気分よく吸うための作戦といえなくもないが。

そんななかでタバコ吸いにも嫌われる、タバコ吸いの風上にもおけないマナー違反の人をたまに見かける。それは吸った後、灰皿の中に完全に火を消し切らない吸殻をそのままにしておく人だ。すると、ものの十秒もしないうちに他の吸殻に燃え移って煙がどんどん立ち昇る。それでも気にしない。吸った煙と、焼いた煙とでは臭いの質が違うからすぐにもわかりそうなものだが、これにも無頓着。さすがにいたたまれなくなって「いいかげんに消せよ」というんだけどね。

こういった無神経、無頓着な輩はおそらく遊びに限らず仕事もできないだろう。

こんなどうでもいいようなことにすら気を遣えないと、肝心かなめの時に、まったく役に立たないだろう。

どんなときでも間や、その場の空気を読むということは大切なこと。それは一種の才能やセンスかもしれない。雰囲気を読み取った後の気配りという行為は、「気という神経」を惜しげもなく使うわけだから疲れる。デキる人はそれをケチらず出し惜しみしないから、それが何か別の形となって、必ず本人に返ってくるのだろう。

さっきも言った「窓、少し開けときましたから」というようなちょっとした気遣いをすれば、「ま、吸ってもいいよ」といった緩い雰囲気のなかで、気分よく吸えるというダイレクトなお返しもある。だから、気もお金と同じで気前よく使っていれば必ず後で返ってくるというのも頷けるな。

普段の何気ない生活のひとコマにも多少の気遣いは欠かせない。タバコひとつ吸うにしても、誰もいない深夜の公園や、真冬の海岸ならいざ知らず、都会で生活している以上周りの人に気配りできないと気分よく吸うことは難しい。「持ちつ持たれつ」という言葉があるけれど、自分が心地よい気分でいられるためには、最低でもそれと同じくらい人にも気を遣わないといけないということかもしれないな。

パチンコで頭のコリをとる

「パチンコで学ぶ見切りの術」というタイトルの話を前作の『志村流』でした。そもそも「遊びとしてのパチンコは金儲けなのか、暇つぶしなのか」と自問自答すると、答えはそのどちらにもあらず、だね。束の間の現実逃避と、頭の中をカラッポに、真っ白にするための行為のような気がするね。

そりゃオレだって正直な話、ただスッてばっかりじゃ面白くないし三千円使って三万円になれば嬉しいのはたしか。しかし、「今日は何がなんでも絶対に稼ぐんだ!!」とか「このなけなしの五千円で一発逆転」とばかり、肩に力を入れたり、イチかバチかの気迫でパチンコ屋に足を向けることはない。最初からそこまでのめり込まないようにしているからだ。仕事は別として、本来それ以外のものにはまあ、この程度でいいんじゃないの」と執着しない性格だから、あまり深みにはまったこともない。そこは性格の良さ（こういうところで使う言葉か？）に助けられているとは思うんだけどね。

「じゃ、なぜ行くんだ」というと、さっきも言ったように答えは「ボーっとするため」だ。台を前にして、上から流れ落ちてくるパチンコ玉、滝の流れをただ見つめているような気分で、ボーっと視点を定めないでその玉の動きを眺めていると、不思議と頭の中がスッカラカンになってきて、何も考えてない自分に気付く。正直、忙しい生活のなかで一瞬だけ独りになれるし、なっている自分自身がそこにいる。

周りはメチャクチャうるさいよ。近頃の台はやたらと音が大きいし、玉が出る音や店のアナウンスなどいろんな雑音が入り混じって、二十分もいれば耳の感覚がおかしくなるけれど、うるさければうるさいほどだんだん麻痺してきて、逆に自分の所だけがポッカリと静寂に包まれているような気分になる。なんとなくわかってもらえると思うんだけど……、この感じ。

誰もいない静かな場所で自分だけの時を持つという教科書的な「独りの時間」と違って、パチンコ台一台分の幅、その限られた幅の自分だけの世界。じっと前を見ているとオレの中の孤独な世界にどんどん深く入り込んでいき、そしてボーっとしている自分自身にまた気付く、そんなひと時だ。

そういう空白の時間がある程度経った時、ぽこっと仕事のアイデアが「あっ、こんなのもありだなぁ」なんて具合に、すーっと頭の隅をよぎる。空白の時間が黒板消しの役目を果たしてくれているのかもしれないね。いろいろなアイデアを消したところに降って湧いたような思い付きが、けっこう自然で無理がなかったりするんだな、これが。

気負いのオーラは、マイナスに作用する

仕事でもそうだけど、「出そう出そう、作ろう作ろう、儲けよう儲けよう」と、ろくでもないアイデアや発想を強引に金儲けに結び付けても巧くいかないばかりか、気負いのオーラがあまりに強いものだから、相手に感づかれてしまって腰を引かれてしまうことが多い。パチンコだって前の人がスーッと立ったのにつられて、何の気なしに座った台がバカ当たりするなんてことがあるよね、たった千円しか使ってないにもかかわらず。

やはり何事も気合いの入れ過ぎはよろしくない。剣客の心得じゃないけれど、無の境地とやらでいけば儲かった時も「時の運」、スッた時も「時の運」とあきらめがつく。妙にギラギラした欲望だけが表に出てしまうと、逆に良い運気が逃げていくような気がしてならない。こういったたぐいのやる気はポジティブなエネルギーというよりも、強力なマイナス・エネルギーだと思うんだよね。

この種の一方的な「負のやる気」を持っている人は、遊びに限らず仕事でも「仕事取りたい、金儲けたい、一発当てたい」と自分のあふれんばかりの欲望パワーを押し付けてくるから、さっきも言ったように相手を「ちょ、ちょ、ちょっと待ってよ」と及び腰の気分にさせてしまう。温泉で長湯して湯あたりしたような、真夏の浜辺でビール飲んで直射日光をおもいっきり浴びたような、そんなグッタリ感を与えてしまうことになる。

遊びでも仕事でも、金が絡むところは欲望の渦まくところだと思ったほうがいい。だからこそ「ま、いいか」的余裕がなければ反対に取り込まれてしまいかねない。とことん死ぬまで突き詰めるか、最初からきっぱり手を出さないか、そんなストイックな両極端の二者択一ができないオレなんかには、「期待せず、深追いせず、欲張らず」の「ま、いいか、どうせそんなもんだもんね」の「ほどほど主義」がうってつけ。平和主義者であるオレの性格にもあっている。オレにとってとことん死ぬまで突き詰めるものといえば、お笑いの仕事以外にはないんだから。

ちなみに芸能界でもパチンコ好きは多いけれど、中村玉緒さんはパチンコの時間もスケジュールのなかにきっちり組み込んでいるらしい。仕事の気分転換にいいからだろうね。

ゴルフは、一にも二にも「安全」に

ゴルフを始めたのは、『全員集合』をやっていた三十五歳くらいの頃。だから、ゴルフ歴は足掛け二十年弱といったところだろうか。その当時のフジテレビのディレクターと構成作家と一緒に、『バカ殿』を撮り終えたご褒美に「箱根プリンスホテルにでも遊びに行こうか」という話になって出かけたのが、そもそもの発端だった。

ホテルにはテニスコートがあって、「じゃあ、テニスでもしよう」ということでまとまった。テニスを始めたのはいいんだけれど、やっている途中で暑くなって、シャツを脱いで上半身裸になってプレイしていたら、「テニスコートの方、シャツを着用してください」とアナウンスで言われてしまった。「うるせーな、誰もいね〜じゃね〜か」と怒りが込み上げてきた。だって周りには誰一人いなかったから。マナーだというのはわかるし、他のグループがいて、そちらに迷惑がかかるからというのなら理解もしよう。「人っ子一人いないんだから、融通利かせろ」と切れて、「ヤメタ、ヤメタ」と即刻中止、車で外へ出かけた。

するとホテルから程近いところに、ゴルフの打ちっ放しがあった。湖に向かってパコーンと打つと気持よさそうな、そんなロケーションだった。さっきの怒りも手伝って、「やったことないし、やってみようか」と、再び意見がまとまって初のゴルフ体験となったのだ。その頃はゴルフというスポーツ自体、まだジジイがやるものという感覚だったから、さほど興味がなかったのも事実。いざ打ってみると湖に吸い込まれるんじゃないかと思えるくらい、パコーン、パコーンと勢いよく飛んだ。今思えばどうってことないんだけれど。なにせ初めてで気分は爽快そのものなのだが、いかんせん真っ直ぐに飛ばない。右に行ったり、左に行ったり、それでカッとしてゴルフにのめり込むこととなる。

当時、赤坂のTBS本社の隣にはゴルフ練習場があって、暇さえあれば通っていた。手には血マメを作って、その血マメが破れたのも気付かないほど打ちまくっていたね。それからドリフの連中もつられるようにゴルフにハマって、結局ドリフ全員に火が付いてしまった。

志村流ゴルフ、巧い人のマネをする

オレにとってゴルフは、気分転換のひとつに過ぎない。だから、人によってはシングルになるために仕事を削ってまでゴルフに熱中してしまう人もいるけれど、そんなふうにはなりたくないね。ただそうはいうものの、性格的に一回凝りだすと、ある程度のレベルまで行かないと気が済まないたちだから、廻っていてもスコアが悪ければ気分悪いし、また、やるからには真剣じゃないと面白くないよね。

ハンディは十二か十三くらいだろうか。たいてい九十前後で廻るゴルフだ。プロに付いてじっくり習おうと思ったこともなければ、そうやって教えてもらうというのが本来嫌いだから、巧い人のスイングを見てマネをする。「あ〜、なるほどね」というように。とにかく自己流、すなわちすべてが志村流だ。クラブだって別段「あれがいい、これがいい」というように、妙に凝ったりはしない。つい最近まで、ゴルフを始めた頃にハワイで買った安い「ＰＩＮＮ」のセットをず〜っと使っていたぐらいだから。

オレ自身のゴルフのスタイルといったら、「一に安全、二に安全」というもの。思いっきり振って気持ちいいなんていうのはとっくに卒業したし、結果、メチャクチャなスコアになるとやっていて面白くないから、結果を出すためにはなるべく危険を冒さないことにしている。だから「林の中に入れたら、どうする？」というのではなく、「林の中には、そもそも入れない」というやり方だね。それにスコーンと飛ばすより、アプローチとパターの方が好きなのは性格の表れかもしれない。

いずれにしても「ゴルフは、責任が全部自分自身にある」というところが好きだな。野球やサッカーのように集団でプレイするスポーツも、もちろん個々に責任を負うけれど、一打一打がすべて自分の責任になる、そのゴルフならではの厳しさがいいね。

ゴルフはコミュニケーションのスポーツでもあるね。オレのゴルフが性格を反映しているように、ゴルフを一緒にやると相手の性格もよくわかる。半日以上一緒に過ごすことになるのだから、ゴルフ場ではいつもにもまして場の流れや雰囲気を摑んで、メンバー全員が気持ちよくプレイできるよう心掛けたいものだね。

温泉旅館は、オネーチャン連れて二泊

仕事柄、長い休みが取りづらいという理由から、旅行といっても二泊三日ぐらいの短いものがほとんどだ。だから数ヶ月も前から予定して出かけるというよりも、急にその場のノリや思い付きで、「あそこへ行こう」といったことになる。名所旧跡めぐりといったたぐいの観光には一切興味がないし、時間に追われた旅行は疲れるだけということもあって、最近はちょくちょく温泉に出かけることにしている。

去年二日間の休みが取れた時、無性に「蕎麦が食いてぇ～」という気分になって、いても立ってもいられず本屋さんに温泉旅館のガイドブックを買いに走った。蕎麦を食べるならやはり信州だろうと考えて、長野県のよさそうな旅館に片っ端から電話をかけてみたが、どこも一杯。諦めかけていたら、偶然一部屋だけキャンセルが出たという松本の旅館があって、次の日に勇んで出かけていった。

床や柱の木も念入りに磨き込まれて真っ黒に黒光りしている、そんな歴史を感じさせる古い旅館だった。オレが旅館で一番気になるのが、風呂はもちろんだが食事の出し方。全部いっぺんにテーブルの上に並べるのは勘弁してもらいたいほうだ。見ただけで食べた気分になるからだ。刺身や揚げ物、煮物などをずら〜っと勢揃いさせて、一見すれば豪華な夕食を演出したい宿側の気持ちもわかるし、また一方で、そのほうが人件費も安くて手間要らずというのも理解できるけれど、旅館の最大の楽しみのひとつである夕食は、時間をかけてゆっくりと酒と共に味わいたい。これがオレの本音。

そんなオレの本音を知ってか知らずか、そこの旅館はちゃんと一品ずつ若い衆が運んで来てくれて料理の説明をしつつ、おまけに「こちらの料理には辛口の地酒×××が合うと思います」と細かなアドバイスもしてくれて、最終的に全十三品が卓に乗った。最初、秋に行った時は、松茸のしゃぶしゃぶに松茸ご飯など松茸づくしで、最後にお目当ての手打ち蕎麦が出た。それで一泊二食付き、一人一万五千円ぐらいだったかな。こんな充実内容だったからすっかり気に入ってしまい、次の休みにも続けて行ってしまった。

温泉に二泊すれば、湯当たりしない

温泉に行く時は二泊連泊することに決めている。最初の日は着いたばかりというこどもあって、何度も温泉に入ってしまうからグッタリ、次の日はダルくて仕方がなくなる。湯当たりした状態で宿を出るとなると、かえって疲れてしまって休みにならないから温泉宿の一泊は避けている。

温泉に行くのはいいんだけど、電車で行かなきゃならないのが辛いところ。みどりの窓口で切符を買うのは、なぜか好きじゃないしね。オレは自分では運転しないから、車で行こうとすれば運転手役の付き人も泊めなければならなくなる。休みの日まで付き人に傍にいられたくもない。だったらオネーチャンと二人で、電車で行ったほうが何倍も精神的にいいに決まってる。

「一人旅が好き」などという人もいるけれど、オレは一人旅は嫌だ。とくに一人で温泉に行くなんて、つまらないどころか寂しい限りと言ってもいい。夕食を食べている時に「あ、これ旨いなぁ」と言っても、誰も「そうね」と相槌を打ってくれる人がいなければつまらない。ゴルフだって一人で廻って「いいスコアが出たぞ！」と言ったって仕方がない、傍に仲間がいて「今の良かったねぇ〜」と言ってくれるから面白い。そういう孤独感はできれば避けたいよ、ホントの話。

温泉旅館での宿泊のイロハは二泊すること、それに優しいオネーチャン連れという二つだ。お湯で体を温めて、弾む会話で心を暖めて、旨い食事とお酒でお腹を温めて、そして布団の中でもう一度体を温める。これが小温泉旅行の枠である。長く泊まってしまうと病気を治す湯治になってしまうから、二泊が限度かな。少し物足りないくらいの方が余韻が残っていいし、美味しいものは少しがいいのはどの世界も同じだね。

ディスコでは、あの日に帰れない

遊びといえばディスコ、そういわれる時代があった。赤坂の「ビブロス」「ムゲン」に始まり、六本木では「ソウル・エンバシー」「キャステル」「ズッケロ」「フーフー」「レキシントン・クイーン」「ネペンタ」「ギゼ」「玉椿」……。新宿では「クレイジー・ホース」「ソウル・トレイン」「ツバキハウス」といった数々のディスコが、週末ともなれば一挙に盛り上がっていた。六〇年代後半から八〇年代の半ばだったろうか。その後「トゥーリア」や「マハラジャ」、そして「ジュリアナ」で最後の幕が引けたような気がする。

新宿で中学生が殺された事件がきっかけで風営法なるものができて、それまで朝の四時、五時まで平気で営業していたのが、ピッタリ深夜零時で閉めなければならなくなった頃からディスコは終わったのかもしれない。「ジュリアナ」なんか最後のあだ花みたいなもんだ。カフェバーも、その頃からでき始めた。深夜零時でディスコが終わると、お客の行き場がないからだった。その後、バブルが弾けてあまった不動産物件の有効活用のひとつとして、元手のかからない「クラブ」(オネーチャンのいるクラブではない)の走りができてきた。

そんな時代のなかで、オレの行きつけのディスコといえば新宿の「ブラック・シープ」、渋谷にもあったと思う。場所は西武新宿線の駅前だったかな。黒人バンドが入っていて、サントリーの白が原価千円、おつまみ代とかチャージを取られていた記憶がある。付き人同士でよく行ってたね。そのディスコがここ最近復活しているらしい。もういい歳になったオジサンやオバサン連中が、こぞって週末に出かけては「アース・ウィンド&ファイアー」や、「コモドアーズ」などの曲に乗って踊りまくっているんだって。それを聞いて思ったのは、「人間、やっぱり輝いていた時の自分を忘れられない」ということだ。

ディスコは、青春に帰るタイムマシン

時代というスクリーンはとてつもない速さで変わってゆく。自分自身は映画館

のスクリーンの前にずっと立ち続けていて気付かないが、後ろに写し出されている映画は、知らないうちにどんどん変わっている。初めて自分が立った頃は、モノクロのスタンダードサイズの映画だったのが、知らないうちに70㎜ワイドスクリーンの総天然色のものが流れている。客席から見れば、何十年も経つので顔も容姿も老けてしまっていることが一目瞭然なのに、スクリーンの前の本人だけはまったく気付いていない。気分は昔のまんま。「娘や息子が立ったほうが、バックの映画と合うからさ」と諭されて、一旦はステージから降りるものの「本日、昔なつかしの映画をふたたび上映します」というアナウンスが流れると、「私の出番だ」と言ってやおら舞台に駆け上がる、という具合。

つまりディスコという存在は、一番輝いた時代のまさに「後ろで上映していた映画」であり、「青春に帰るタイムマシン」なんだよな。自分たちがどんなに腹が出ようと、頭が薄くなろうと、白髪になろうと、シワくちゃになろうと、自分のなかでは「昔の僕」であって「昔の私」なのだ。「輝いていた時の自分を忘れられない」し、「あの日の自分に帰りたい」のだろう。

再流行のディスコ自体が悪いというのではない。どんなに音や照明、内装、チケット制ドリンクなどの箱や器を再現したところで、当時の活気や雰囲気が二度と戻ることはない。輝いていた自分はその一瞬にしかいない。だから、こういった再現場所に行く時は、過度な期待はよしたほうがいい。当時の思い出とオーバーラップさせると痛い目にあうからだ。昔の恋人に三十年ぶりに再会するのに似ている。

こういった遊びを提供する側のビジネスも、昔は絶対的に若者中心だったけれど、最近ではこのディスコのように、中高年層にターゲットを絞った新しいものができてきた。それというのも、ちょっと前の若者がすでにオジサン、オバサンになったからだろうし、提供する側も同じようにオジサン、オバサンになったからだろう。

あと二十年ぐらいすると、今度は六十〜七十歳を狙った復活ディスコができるかもしれないな。それは「中川三郎ダンススタジオ」がディスコにとって変わったと考えれば、納得できてしまう。ジョン・トラヴォルタやマイケル・ジャクソンもどきの振りとステップで、踊りまくるお爺さん、お婆さんの姿も悪くないかも。

とにかく「売れるから」とか「流行るから」というだけの低年齢層向けビジネスだけではなくて、こういった「年齢層に合わせた遊びを提供する」ビジネスが増えることは嬉しい限りだ。

ダーツ遊びで若者の今を知る

人間、だんだん歳をとってくると、誰でも決まり文句のように言う言葉がある。「最近の若い者は……」というセリフだ。その後に続く内容は、「常識を知らない」とか「礼儀がなっていない」といった教養ものを筆頭に、「カッコはどうにかならんか」や「化粧が派手で」といった外見が次にきて、「遊び」という項目も漏れなく入っている。

とにかく自分から垣根を作ってしまって、「若い人たちがやることでしょ」というように、まるで別世界のことみたいにキッチリ線引きしてしまいがちだね。だから、なかなか「試してみよう」とは思わない。オレは臆病なくせに、好奇心だけは旺盛だから何にでも興味が湧いてしまう。実際に自分で体験してみると考えていた以上に、面白かったり、楽しかったりして、「見るとやるとでは、大違いだなぁ」と実感する。そして「若い人の気持ちもわかる、わかる」と納得することもしばしばだ。他人事だと思わずに、食わず嫌いは止めて、何にでもトライしてみると新たな世界を発見できたりする。

最近ハマっているダーツ・ゲームもそのひとつ。きっかけは仲間と飲み直しに行った飯倉の会員制の店（会員制といっても月額の会費は四千円程度のお店だ）。御多分に漏れずカラオケもあったから、いつもの調子で曲目リストを無作為に開いて、指さした曲を無理やり歌うというゲームをやっていた。ちなみにカラオケでのオレの持ち歌は演歌、それも吉幾三さんの歌と決まっている。

最新のデジタル仕掛けのダーツは面白い

ところで、その店にはカラオケの他にダーツが置いてあった。ダーツは十年ほど前に一度やったことがあっただけ。当時はオーソドックスな木製の丸いボードを、先が金属でできた矢で狙うというもの。ポイントが何点になったかを計算するのが面倒くさいので、例のごとく「やめた、やめた」で終わってしまったけれど、この店に置いてあるのは最新式のデジタル仕掛けだった。矢の先もプラスチック製で、やり方は昔ながらに同じだが、点数計算を機械が瞬時にしてくれるからわかりやすいだけじゃなく、光が点滅したりするから妙に臨場感があって知らぬ間にハマってしまったね。

基本的にゴルフをはじめ、遊び全般何でもそうだけれど、オレ自身負けると悔しい性格だから簡単にハマりやすいようだ。始めてから少し経った頃が、一番面白くて楽しい時期だね。いわゆる「凝り」だした時だ。「うまくなって負かしてやろう」という気持ちが熱くさせるし、探究心もくすぐられるから、熱中という名のハマりに陥る。

ダーツもゴルフと同じで、上達しなければつまらない。まず、投げ方でその人の技量が見て取れるし、さすがにうまい人ともなると構えからして違うので、投げなくても「上手!」だとわかってしまう。オレも最終的にはそこまで到達したいと思っているけどね。当面の目標は五百ポイントを出して、お店から賞品のダーツをもらうことだ。最近ではマイダーツといって、自分のダーツを持っている若者も多いらしいが、ビリヤードのキューや、ボーリングのボールと違って小さいからハンドバッグにも入るし、持ち運びも便利だから、これからますます女性の愛好者も増えるに違いない。オレの場合、自分でマイダーツを買うのはもう少し先にしておいたほうがいいかな。そうしないと上達しないだろうし、五百ポイントを出して賞品のダーツをせしめるという目標がなくなってしまっては困るからなぁ。

ダーツはゲームとして面白いのはいうまでもないけれど、何が一番楽しいかといえば若い連中と一緒になって遊べることだ。こういった仕事をしていると、この業界とまったく関わりがない人たち、それも見知らぬ若い人たちと直接話をする機会はないに等しい。それが偶然に酒席で隣り合わせ、ひとつのゲームで盛り上がり、打ち解けあう。話をしているうちに「近頃は何が流行っているの？」と会話のなかからハヤリを聞き出したり、今ふうの考え方みたいなものを探り出したり、興味は尽きないね。結果的に、こういった時間は仕事にもプラスになる。いろんなアイデアを拾い集めることができるからだ。

ちょっと前に、七十歳くらいのお婆さんがロスアンジェルスのサンタモニカのあたりで、毎日元気にスケートボードで遊んでいる姿をテレビで紹介していた。このお婆さんも始めたきっかけは、監視がてらに孫が始めたスケートボードに付き合っていたところ、いつの間にか自分もハマったらしい。そして、今では当の孫以上にのめりこんでいるとのことだった。このお婆さんではないけれど、歳をとるのに反比例してオープンな感覚を持つことが、気持ちに刺激を与えてくれるというもの。そんな「心の遊び」を忘れないようにしたいね。

幾つになっても、バリバリと元気でいたいもの。そのためには年齢に関係なく、「遊び」と名の付くものには、ひと通り首を突っ込んでみたほうがいいかもしれないね。

本書は２００４年２月にマガジンハウスより刊行された単行本を再編集し、
文庫化しました。

◎カバー
写真　篠山紀信
スタイリスト　飯塚チサト（Trippin'）
ヘア&メイク　川野晶子（サッシュ）
◎ブックデザイン　芦澤泰偉
◎企画・構成　吉野信吾

マガジンハウス文庫

志村流《しむらりゅう》　遊《あそ》び術《じゅつ》

2020年7月9日　第1刷発行

著者　志村《しむら》けん
発行者　鉄尾周一
発行所　株式会社マガジンハウス
〒104-8003　東京都中央区銀座3-13-10
電話　書籍編集部　03-3545-7030
受注センター　049-275-1811
印刷・製本所　三松堂印刷
文庫フォーマット　細山田デザイン事務所

マガジンハウスのホームページ http://magazineworld.jp/

ISBN978-4-8387-7106-6　C0195